Paul GUIRAUD

(1850 - 1907)

NOTICE BIOGRAPHIQUE

LUE A LA RÉUNION ANNUELLE

de l'Association des Anciens Élèves de l'École Normale Supérieure

LE 11 JANVIER 1908

PAR

PAUL GIRARD

PROFESSEUR A L'UNIVERSITÉ DE PARIS

SUIVIE D'UNE

BIBLIOGRAPHIE DES ŒUVRES DE PAUL GUIRAUD

PAR

JEAN GUIRAUD

PROFESSEUR A L'UNIVERSITÉ DE BESANÇON

BESANÇON

TYPOGRAPHIE ET LITHOGRAPHIE DODIVERS

87, Grande-Rue et Rue Moncey, 8 bis,

1908

Paul GUIRAUD

(1850 - 1907)

NOTICE BIOGRAPHIQUE

LUE A LA RÉUNION ANNUELLE

de l'Association des Anciens Élèves de l'École Normale Supérieure

LE 12 JANVIER 1908

PAR

Paul GIRARD

PROFESSEUR A L'UNIVERSITÉ DE PARIS

SUIVIE D'UNE

BIBLIOGRAPHIE DES ŒUVRES DE PAUL GUIRAUD

PAR

Jean GUIRAUD

PROFESSEUR A L'UNIVERSITÉ DE BESANÇON

BESANÇON

TYPOGRAPHIE ET LITHOGRAPHIE DODIVERS

87, Grande-Rue et Rue Moncey, 8 bis

1908

Héliog. Dujardin.

PAUL GUIRAUD

Membre de l'Institut

Professeur à l'Université de Paris

15 Janvier 1850 — 25 Février 1907

Paul GUIRAUD

A la fin du livre si touchant et si vrai qu'il a écrit sur Fustel de Coulanges, dont il avait été l'un des élèves préférés, Guiraud loue « sa vie modeste, austère et ennemie du bruit ». Ces mots peuvent servir à caractériser la sienne. Avant tout, il fut un travailleur et un savant ; ses ouvrages sont des modèles d'érudition pénétrante et claire. Pour ces raisons, il mérite les regrets de la science. Pour beaucoup d'autres, il mérite ceux de l'amitié ; ce sont celles-là surtout que je voudrais exposer dans cette notice.

Son père était instituteur à Cenne, dans le département de l'Aude. C'est une curieuse figure que M. Guiraud le père, et il a eu trop d'influence sur la carrière de notre camarade pour qu'il me soit permis de le négliger. Originaire de Villemagne, village à quelques kilomètres de Cenne, il était d'une famille où, de père en fils, on exerçait le métier de sabotier. Cultivateurs dans la belle saison, paissant leurs vaches, allant vendre leurs oignons aux marchés d'alentour, les gens de Villemagne fabriquaient, pendant l'hiver, des sabots, industrie lucrative en ce pays de neiges. Tel est le cadre où grandit Guillaume Guiraud. Comme il était intelligent, les leçons que lui donnait, pour des oignons, un vieux soldat de l'Empire, bientôt ne lui suffirent plus ; on le fit entrer chez les Frères de Saissac pour se préparer à l'école normale primaire de Carcassonne. Sorti de cette école, en 1843, il était, peu de temps après, nommé instituteur à Cenne, où il épousait Adèle Escudié, fille d'un fabricant de drap de l'endroit. De cette union naquirent cinq enfants : une fille, morte en bas-âge avant la naissance de Paul, puis Paul, puis deux filles, Marie et Berthe, enfin Jean, de beaucoup le plus jeune, aujourd'hui professeur à la Faculté des lettres de Besançon.

Le premier maître de notre ami fut son père. Paul fréquenta l'école paternelle, courant les champs avec les garçons de son âge. Il avait gardé de cette vie paysanne un charmant souvenir, qui devait se raviver plus tard, dans ses longues villégiatures solitaires en Normandie, et transparaître jusque dans ses travaux : tel chapitre savoureux et neuf de la *Propriété foncière,* sur l'agriculture chez les Grecs, se rattache peut-être à ces années lointaines et à ce goût de la terre, qu'il eut toujours. Mais Guillaume Guiraud avait pour lui de plus hautes ambitions : il rêvait de faire de son fils un professeur. Il résolut donc de se séparer de lui et de l'envoyer comme pensionnaire, d'abord à Carcassonne, au petit séminaire, ensuite au collège de Revel, en dernier lieu au lycée de Carcassonne. Tant que Paul fut à Revel, on était voisin ; les jours de marché permettaient de se voir. C'est une des raisons qui l'avaient fait retirer du petit séminaire. Mais quand, de nouveau, il fut à Carcassonne, il fallut s'écrire. Les lettres du père sont fréquentes et longues ; il dirige de loin, avec une rare clairvoyance. ce fils en qui déjà il met tout son espoir. Sa direction est minutieuse. Cet ancien sabotier qui avait appris le latin tout seul, et qui lisait Juvénal, était très capable de donner pour la version d'excellents conseils. Il en donne aussi pour les exercices que lui-même n'a jamais pratiqués. « Je n'ai pas fait, écrit-il, les études que tu fais, mais j'ai pour moi l'âge et les leçons de l'expérience, qui en valent bien d'autres. » Il combat chez Paul l'ennui et le découragement, le félicite de ses bonnes places, le console des mauvaises, insiste pour que, très attentif en étude, en récréation il s'amuse, refuse énergiquement de le faire dispenser de la gymnastique : « Pour vous autres, dit-il, qui ne faites aucun travail, aucun exercice, le gymnase vous est nécessaire, c'est le complément d'une bonne éducation. » Et ailleurs : « Ne fais pas plus que tu ne peux. Je te l'ai toujours dit : comme le corps, l'esprit a besoin de repos. » Paul faisait tout ce qu'il pouvait, et le succès récompensait ses efforts. En troisième, il remportait onze prix, et douze en seconde, dont huit premiers. La fierté du père fut mêlée d'une sorte d'effroi : il se dit que le triomphe était trop facile et que son fils avait besoin d'un autre champ de lutte. A son ancien désir de le voir professeur de collège, avait fait place celui de le voir professeur de lycée. Maintenant, il fallait qu'il entrât à l'École normale. Ce fut cette idée fixe qui, dans l'été de 1864, le détermina à l'envoyer à Paris. Des amis s'entremirent et obtinrent pour le jeune lauréat de Carcassonne des conditions avantageuses à l'institution Favart, que dirigeait alors M. David. Paul partit pour Paris à la fin de septembre. C'était la grande séparation, rendue pour tous plus douloureuse par la situation précaire de ceux qui restaient.

Ce n'est point, en effet, sans de lourds sacrifices que Guiraud le père avait pu mener jusque là l'éducation de son aîné. De bonne heure, il avait reconnu l'insuffisance de ses ressources ; la naissance de deux filles était venue augmenter ses charges. Aussi, dès 1860, l'instituteur de Cenne avait-il quitté l'enseignement pour entrer, comme comptable, dans une fabrique de drap du pays. Un peu plus tard, il remplit le même emploi à Quillan (Aude), où il vint s'établir avec tous les siens, après avoir vendu ses prés et ses vignes de Villemagne. Une telle conduite ne pouvait être louée de tous. Il existe une lettre de Guillaume Guiraud à sa mère, où l'on voit que celle-ci la jugeait sévèrement. Mais lui avait son idée : travailler pour l'aîné, le faire arriver le plus loin, le plus haut possible, n'était-ce pas élever la famille tout entière ? Énergique et souple comme il l'était, il portait d'ailleurs dans ses nouvelles fonctions cet esprit d'initiative qui semble avoir été l'une de ses qualités maîtresses. C'est ainsi que, chargé par son patron d'aller, pendant un an, étudier à Reims les procédés de fabrication du drap, il s'acquitta si bien de cette mission, qu'il put, à son retour, faire profiter les ouvriers de Quillan de son expérience et leur enseigner tout ce qu'il avait appris.

Cependant, les charges, loin de diminuer, croissaient toujours. Un fils, Jean, était né en 1866, et l'instruction de Paul à Paris coûtait cher. Guiraud le père prit le parti de fonder à Carcassonne une fabrique de drap, avec un homme du métier pour associé. Par malheur, l'industrie du drap commençait à péricliter dans le Midi. Au bout de deux ans, il dut liquider. A ce moment, ses dettes payées, son dénuement est extrême : c'est une des périodes les plus critiques de sa vie. Avec une force de caractère surprenante, il laisse sa femme, deux mois durant, dans l'ignorance du péril. Le secret, pourtant, n'est pas si bien gardé que des gens ne s'en émeuvent, et comme le dévouement n'est pas chose aussi rare qu'on le croit, un tisserand de Cenne vient mettre à sa disposition une somme de mille francs, fruit de trente ans d'économies. On devine la reconnaissance acquise à cet ami des mauvais jours, et qui dure, vivace, chez les enfants de Guillaume Guiraud.

Paul savait tout, et les sacrifices que s'imposait pour lui sa famille. Ses lettres de Paris sont pleines de la tristesse qu'il en ressent. Plus tard, à la fin de sa première année d'École : « Nous ne possédons rien, écrit-il à son père, nous n'avons rien à attendre et nous sommes endettés. Je suis affligé de tout cela plus que personne, parce que j'en suis la cause involontaire. Sans moi, sans les sacrifices que tu as faits pour m'élever au-dessus de notre condition, tu n'aurais pas tous ces embarras d'argent qui t'inspirent une inquiétude si légitime. » Ce qui le désespérait, c'était son impuissance, à Favart surtout. Que pouvait-il, sinon suivre à la lettre les conseils que son père ne cessait de lui prodiguer, travailler, conquérir et garder les premières places dans ces classes de Charlemagne où se recrutait alors, en grande partie, l'École normale ? C'est ce qu'il fit ; mais il fit plus encore. Pour alléger les frais de son séjour à Paris, il donna des répétitions, puis il obtint de collaborer à un journal de Carcassonne, le *Bon Sens*, auquel il adressait chaque semaine un article politique. Il continua d'y écrire à l'École même et après sa sortie. L'avenir de ses sœurs le préoccupait. Dans la suite, il les dotera ; il se fera l'éducateur et le guide de son jeune frère, qui sait tout ce qu'il doit à sa tendresse éclairée. Sa mémoire fidèle n'oublia jamais ce qu'il avait reçu, et, autant qu'il le put, il le rendit. En même temps, il demeurait attaché au programme, au fameux programme tracé par son père et poursuivi par lui avec une âpre ténacité, à travers mille privations : entrer à l'École et devenir professeur. C'est là ce qui le stimule dans ses années de Favart ; c'est ce qui lui fait refuser, en première année d'Ecole, la direction d'un journal républicain de Seine-et-Marne, aux appointements de sept mille francs, une fortune ! C'est ce qui, agrégé, l'écarte de l'École de Rome, qui retarderait ses débuts dans le professorat et l'acquittement de sa dette filiale ; c'est ce qui, vers le même temps, lui fait rejeter l'offre séduisante d'accompagner en Égypte un jeune homme qui doit y passer l'hiver. Entrer à l'École et devenir professeur, voilà le but ; c'est là qu'il marche, par conviction autant que par devoir.

Deux fois, ce but sembla manqué, et Guillaume Guiraud désespéra de son fils. La première fois, c'était en 1867. Paul, en dépit de ses inquiétudes et de ses tristesses, jouissait de Paris, où il avait retrouvé quelques camarades, Bertagne, le futur proviseur de Henri IV, Douarche, un ancien condisciple de Carcassonne. Il mettait à profit les conseils de son père, visitait les musées, s'ouvrait l'esprit. Un soir, son correspondant, M. Mir, alors avocat et secrétaire de Jules Grévy(1), le conduisit à l'Opéra. On donnait *Faust*. Ce fut un éblouissement, plus que cela, un vertige. Paul se sentit né pour être chanteur, et aussitôt il fit part à son père de sa découverte dans une lettre enthousiaste, qui jeta la famille dans la consternation. Le coup fut rude particulièrement pour le père ; c'était l'écroulement de tous ses rêves. Mais, avec sa prudence et sa fine psychologie, il se garda bien de heurter de front l'obstacle ; il compta sur le temps, qui ne fit qu'irriter la passion nouvelle. Enfin, le 11 mars, il écrit une lettre décisive,

(1) Aujourd'hui sénateur de l'Aude ; originaire, comme Paul Guiraud, de Cenne.

qu'il faudrait citer tout entière; j'en donnerai seulement les passages principaux, d'après un vieux cahier jauni par les années où Guiraud le père conservait les brouillons de ses lettres importantes.

« Mon cher fils, autrefois je lisais et relisais tes lettres, et toujours avec le même plaisir ; c'est qu'elles respiraient un parfum de bons sentiments et de bonnes résolutions qui me réjouissaient... Tels ne sont pas les sentiments que m'inspirent celles que tu m'adresses depuis quelques jours ; je les lis tout d'abord avec l'avidité d'un père qui suit de loin, avec la plus vive sollicitude, tout ce qui intéresse son enfant, mais je n'ai pas le courage de les lire une seconde fois... J'y trouve un je ne sais quoi d'indéfinissable qui me serre le cœur et m'enlève mes douces illusions et mes beaux rêves d'avenir. C'est que j'éprouve un vague pressentiment que, sans t'en douter, tu es sur une pente fatale, si tu n'y prends bientôt garde. Oui, mon cher fils, j'ai peur de ce délire musical auquel tu te livres avec tant d'abandon que tes lettres, surtout la dernière, en sont fastidieusement remplies. Ce n'est pas le sentiment musical que je crains, c'est-à-dire ce ravissement, cette sensation que l'on éprouve en entendant un beau morceau comme un beau discours oratoire, non, ce n'est pas cela que je crains ; au contraire, si je te voyais indifférent aux chefs-d'œuvre de la musique, comme aux autres chefs-d'œuvre de l'art, j'augurerais mal de ta sensibilité artistique, partant, de ton goût. » Mais, continue-t-il, entre le sentiment musical et une vocation musicale, il y a un abîme. Or, son fils n'a pas la vocation musicale : elle se serait manifestée plus tôt. Qu'il n'hésite donc pas : l'hésitation dans la conduite est le pire des dangers; et, rappelant à son souvenir des exemples familiers, pris dans leur entourage, il lui en montre les suites désastreuses. « Maintenant, conclut-il, que j'ai enlevé le bandeau qui couvrait tes yeux, j'ai fait mon devoir. A toi de faire le tien. Je te laisse en face de ces deux voies : la constance avec ses fruits, et l'inconstance avec ses chûtes et ses précipices. Réfléchis avant d'aller plus avant. Ton bonheur, ainsi que le nôtre, en dépend. »

Paul céda, — comme il céda toujours dans d'autres circonstances où, plus encore peut-être, son cœur était engagé, — devant la saine raison et la ferme volonté de son père. Mais cette crise l'avait révélé à lui-même. Il lui en resta pour la musique un goût passionné, qui était un charme de son esprit et de son caractère, et tempérait ce que les manières avaient chez lui d'un peu rude. Tous ceux qui l'ont connu savent combien il était assidu aux concerts du dimanche, et quelles émotions, — qu'il analysait finement,— lui procuraient les matinées du Conservatoire.

La seconde alerte ne fut pas moins vive. En 1869, Paul échoua au concours de l'École. Son père, cette fois, faillit perdre courage. Il eut la pensée de le garder à Carcassonne et de le faire entrer au lycée comme maître répétiteur; là, l'ancien élève de l'institution Favart se serait préparé à l'École normale dans des conditions scientifiquement moins favorables, mais matériellement meilleures. Guillaume Guiraud s'en ouvrit au proviseur d'alors, M. Robert. Et puis, il réfléchit que c'était faire fausse route, exposer son fils à un nouvel échec, et, fidèle à son premier dessein, il le renvoya à Paris. Cette dernière année d'efforts fut pour la famille plus pénible que toutes les autres. Les filles cependant n'étaient point sacrifiées, mais leur éducation amena pour le père un surcroît de fatigue, car il la payait en leçons gratuites données dans la pension où elles étaient élevées. En même temps, il avait chez lui — il eut quarante ans sous son toit — le père de sa femme(1), qui n'avait point été heureux dans ses affaires; il le nourrissait, l'habillait de ses propres vêtements, sans que sa délicatesse lui laissât soupçonner un seul instant la gêne intolérable à laquelle lui-même était réduit. Plus tard, ce beau-père, très âgé — il mourut chez son gendre à quatre-vingt-huit ans, — atteint d'affaiblissement général, ne reconnaissait plus Guillaume Guiraud ; et à table, il lui arrivait de parler comme en rêve d'un M. Guiraud qu'il avait connu jadis, et qui avait fait des choses

(1) Né en 1789, ancien soldat de l'Empire, Raymond Escudié mourut à Narbonne en 1877.

admirables. La plus jeune de ses petites-filles, qui prenait soin de lui, le lui montrait alors, assis à ses côtés, et, dans une lueur passagère, il le reconnaissait et débordait d'enthousiasme. C'est ainsi que Guillaume Guiraud vit naître, peut on dire, à son foyer sa légende, et, s'il m'est permis d'appliquer à cet homme simple la belle expression de Tacite, qu'il lui fut donné de « jouir vivant de sa renommée. »

Enfin, Paul est reçu en 1870 ; le voilà au but. Pas encore. A cause de la guerre, la rentrée de l'École n'eut lieu qu'au mois de mai 1871 ; le nouveau normalien, dans ce Paris à peine sorti du siège, fut pris de dysenterie et dut être ramené chez lui en toute hâte. Son père gérait alors, pour le compte d'une société anonyme, une fabrique de drap à Carcassonne. Une fois de plus, il entrevit la ruine de ses espérances. La mère se dévoua. Avec une énergie extraordinaire, malgré sa santé déjà compromise, durant des jours et des nuits elle se tint au chevet du malade et le sauva, mais, épuisée par ces excès de fatigue, elle mourait, le 2 juillet de l'année suivante, laissant un vide impossible à combler. Vers ce temps, la fabrique qu'administrait Guiraud le père vint à fermer ; il accepta à Narbonne une place de comptable chez un négociant en vins. Ses filles, dont l'aînée s'était faite répétitrice dans la pension de sa sœur cadette, afin de subvenir aux frais d'éducation de celle-ci, ne pouvaient lui être que d'un faible secours. Seul avec son jeune fils, âgé de sept ans seulement, il se trouva ramené aux jours les plus sombres de son existence. Mais Paul était arrivé. Il le suivait de loin à l'École normale, comme il l'avait suivi à l'institution Favart. Au courant de tout ce qu'il faisait, connaissant par lui ses maîtres, connaissant ses camarades, parmi lesquels un surtout, Burdeau, montra, à une heure décisive de sa vie, le cas singulier qu'il faisait de son jugement, il vit grandir ce fils dans le sillon que lui-même avait tracé d'une main si sûre. Il le vit agrégé, il le vit docteur, il le vit professeur aux Facultés de Douai et de Toulouse, maître de conférences à l'École normale, professeur à la Sorbonne. Cela passait son rêve. Il en fut fier, sans oublier jamais à qui en revenait l'honneur. J'ai eu entre les mains une lettre adressée par lui à son fils Jean, alors membre de l'École de Rome, à l'occasion du vingt-cinquième anniversaire de sa naissance. Avec un légitime orgueil, le bon ouvrier y embrasse du regard ces vingt-cinq années accomplies. « Que de vicissitudes, écrit-il, pour ne parler que de notre famille ! Que d'événements heureux ou malheureux ! Et enfin quelle heureuse transformation ! Considère ce que nous étions et ce que vous êtes tous, réfléchis à cet heureux changement et demande-toi en toute sincérité à qui en revient le principal mérite. » Il savait ce qu'il valait, et, ce qui est plus rare, il savait ce qu'il voulait. Il s'était fait cette philosophie de la vie : tout pour l'aîné, à charge, pour lui, de tirer les autres d'affaire. Quant à lui, il avait résolu de travailler jusqu'à ce que le dernier de ses enfants pût se suffire. Lorsqu'il vit Jean nommé à Sens, à son retour de Rome, il alla demeurer avec lui. C'est chez lui qu'il mourut, le 26 mars 1894, après avoir reconnu Paul, appelé par télégramme, et dont la présence l'avait, comme par miracle, tiré pour quelques instants du coma. Et si je lui ai fait une place dans ces pages où son fils seul devrait revivre, c'est que, sans lui, sans ce modeste et patient auxiliaire de sa fortune, Paul Guiraud eût été quelque chose peut-être, mais jamais ce qu'il fut. Il le savait, et ne parlait de son père qu'avec une reconnaissance profonde. N'avait-il pas été pour lui le maître par excellence, celui qui lui avait enseigné l'effort et, ce qui vaut mieux, la solidarité domestique, qui est la source et l'aliment de la solidarité sociale ?

On voudra bien me permettre, pour ce qui suit, d'évoquer quelques souvenirs personnels. Comme il n'y avait pas eu de concours en 1871, la promotion dont je faisais partie rencontra en seconde année, lorsqu'elle entra à l'École, celle dont Guiraud était devenu le chef, à la suite du dernier classement, et la rencontre, d'abord, ne fut pas agréable. La turbulence de cette promotion nous fit peur. La gaieté bruyante de Burdeau, l'exubérance de Gazeau, la volubilité de Chuquet, l'athlétisme de Strehly, nous jetaient dans le désarroi. Au contraire, il y avait alors, sous les toits, des êtres doux et amènes, vers lesquels nous nous sentîmes instinctivement attirés Lettrés délicats, critiques subtils, moqueurs sans grossièreté, ayant le goût des arts, ils incarnaient pour nous les qualités françaises si cruellement atteintes par la défaite, et nous allions à eux avec une sympathie mêlée de vénération que justifiaient leur grand âge — ils avaient été reçus en 1869 — et le talent dont ils nous donnaient des preuves jusque dans leurs entretiens. Pour quelques-uns même, nous n'avions pas besoin de preuves ; leur réputation suffisait. De l'un d'eux je n'ai jamais entendu une parole, mais il se taisait avec tant d'esprit, qu'on était sous le charme. Avec le temps les choses s'arrangèrent ; nous nous aperçumes que ni les camarades de Guiraud, ni Guiraud lui-même, en dépit de sa rudesse et de l'abondante crinière qu'il agitait autour de sa tête d'un air menaçant, n'avaient à notre égard de mauvaises intentions. Seulement, comme, en ce temps-là, il était de règle que les conscrits prissent le contre-pied des opinions de leurs carrés, nous nous appliquâmes à juger autrement qu'eux nos professeurs, et Fustel surtout devint notre champ de bataille. Nous le discutions beaucoup ; eux l'adoraient presque. Je ne crois pas qu'il ait eu jamais plus d'influence sur aucune promotion. Guiraud avait été conquis dès le début : on le voit bien aux lettres qu'il écrit à son père en première année. Avec ardeur, il travaille pour Fustel, et se montre fier d'avoir fait dans sa conférence une leçon sur Catilina, qui, de l'aveu de l'auditoire, rappelait de très près la manière du maître. Chez nous c'était autre chose. Nous nous gardions l'esprit plus libre, ou nous y tâchions. Le sérieux de certains reproches nous amusait parfois. Je me souviens encore de ces paroles qui nous furent dites, un jour, sur un ton de tristesse : « Comment, Messieurs, vous n'avez pas lu Diodore ! » Non, en effet, nous n'avions pas lu Diodore, et, sur le moment, nous en fûmes atterrés ; mais nous en revînmes, et quiconque connaît l'École imaginera sans peine la gaieté de ce retour. Cela ne nous empêchait pas d'être conquis, tout comme nos anciens. Heureux ceux qu'on discute, heureux même ceux qu'on *blague*. Ce sont les grands, et les très grands. Fustel était de cette race; on ne lui résistait pas. Il y avait quelque chose de si nouveau dans sa façon de faire, on y sentait une telle vigueur de pensée, ses conclusions précises ouvraient des horizons si vastes, sa parole était si convaincante, sa foi raisonnée si communicative, qu'on était pris et entraîné malgré soi. Aussi bien, ne le plaisantions-nous que par esprit d'opposition et par mauvais caractère; au fond, nous l'admirions tous, quelles que fussent nos spécialités; nous attachions à son estime un prix infini, et je regarderai toujours, quant à moi, comme un honneur l'offre qu'il me fit, à la fin de ma première année, de me prendre dans la section d'histoire.

Fustel de Coulanges, Zeller, Desjardins, tels sont les maîtres qui acheminèrent Guiraud à l'agrégation. Tous trois fondaient sur lui de grandes espérances. Il n'obtint pas le premier rang ; ce fut Gazeau qui l'emporta. Si cela fut pour notre ami une déception, je l'ignore; ce dont je suis sûr, c'est que, entre Gazeau et lui, cet échec relatif ne mit pas l'ombre d'un nuage.

Reçu agrégé en 1874, il fut, grâce à Bersot, qui l'aimait et dans lequel il avait une confiance sans limite, placé immédiatement. On l'envoya à Saint-Étienne. Là aussi avait été nommé Burdeau, et tout de suite celui-ci, qui comptait s'installer avec sa mère, eut l'idée d'appeler Guiraud à partager leur vie. Le premier sur les lieux, il lui écrit : « Si je rencontre mon idéal, ce sera une cabane hospitalière, et quand il y a pour deux, il peut y avoir pour trois. » Il rencontra son idéal, et tous deux y vécurent dans une étroite intimité, qui se prolongea bien au delà. Plus tard, séparés, ils s'écrivaient souvent, s'entr'aidaient. C'est grâce à Burdeau que Guiraud, en 1881, entra comme collaborateur au journal *Le Télégraphe*. Ils se consultaient dans les occasions graves. Un moment, Guiraud se demande s'il n'acceptera pas un rectorat qu'on lui offre. Burdeau l'en détourne : son avenir est à l'École. S'agit-il de thèses à entreprendre ? « Ne me ménage pas tes conseils, écrit Burdeau ; personne n'a sur moi le pouvoir que tu as. » Et dans une circonstance où son avenir était en jeu : « Tu n'as pas besoin d'attendre que je te demande tes conseils pour me les donner. Je te les demande toujours parce que j'en ai toujours besoin. » Un jour, — en 1878 — durant la crise morale la plus pénible peut-être qu'il eut à traverser, il lui peint ses hésitations dans une longue lettre que terminent ces mots : « Toi, mon cher ami, au bon sens et à la droiture de qui je me fie, donne-moi ton avis. » Quoique très différents, ils étaient faits pour se comprendre. Chacun était frappé de la supériorité de l'autre. Je trouve ce sentiment très nettement exprimé dans une lettre de Burdeau peu postérieure à leur séparation. « Je ne sais vivre, y avoue-t-il, qu'avec ceux qui ont à peu près mes idées, et qui me sont supérieurs par quelque côté. Voilà pourquoi je vivais assez bien avec toi, je ne dis pas parfaitement, car si je n'ai jamais retiré de notre vie en commun que plaisir et profit, je doute qu'en conscience tu en puisses dire tout-à-fait autant. » Burdeau se trompait ; son camarade de l'École normale, son commensal de Saint-Étienne, avait et eut toujours pour lui une admiration profonde, que trahissait la chaleur de sa parole quand il contait leurs causeries intimes, les longues soirées où Burdeau, député, et qui avait fait du budget son domaine, l'initiait, avec sa passion lucide, à ses travaux.

Guiraud n'acheva pas l'année à Saint-Étienne. Au mois d'avril 1875, il fut nommé suppléant à Angoulême. Là, il a vingt heures de service et se plaint à son maître Fustel de Coulanges de l'impossibilité où il est de faire aucun travail personnel. Ce ne sont que quelques semaines difficiles à passer. A la rentrée, il est de nouveau à Saint-Étienne, où il retrouve Burdeau, et accepte avec empressement la proposition qui lui est faite par Gabriel Monod de collaborer à la *Revue historique*. Mais il fallait à sa santé le climat du Midi ; c'est ce qui le décida à demander Carcassonne (1877). Il y était encore professeur lorsqu'il vint soutenir ses thèses à Paris (1879). Déclaré digne du grade de docteur à l'unanimité, loué par Fustel dans le *Journal des Savants* pour sa thèse sur le *Différend entre César et le Sénat*, il aspire maintenant à l'enseignement supérieur. Il y débuta la même année, à Douai, où M. Foncin, un vieil ami de sa famille, était recteur, et où, pour doyen, il eut Abel Desjardins, le frère de son ancien maître à l'École. Il semble avoir gardé de ce séjour à Douai un excellent souvenir. C'était un monde nouveau, des relations agréables, la vie scientifique largement ouverte. Il faisait un cours public qui avait du succès, dont on goûtait l'érudition et la clarté, cette clarté qu'il portait dans tout ce qu'il disait, et qui communiquait aux choses très vieilles dont il entretenait ses auditeurs, une vie intense. Pourtant, Douai ne le retint pas longtemps. En 1880, il passait à la Faculté des lettres de Toulouse comme maître de conférences d'histoire ancienne ; il y devint plus tard titulaire d'une chaire de géographie. C'est là que nous nous retrouvâmes, mariés l'un et l'autre et habitant la même maison, séparés seulement par une cour fleurie que la voix pouvait franchir à toute heure du jour, et c'est là qu'entre nous se forma cette amitié solide dont le temps ne fit que resserrer les liens.

Depuis longtemps ses succès dans l'enseignement et ses travaux, le désignaient pour Paris. Il y fut appelé par M. Georges Perrot, en 1886 ; il vint y occuper, à l'École normale, cette chaire où les leçons de Fustel de Coulanges lui avaient autrefois révélé sa vocation. Son plus cher désir était réalisé. Rien ne lui paraissait plus enviable que d'enseigner à l'École. Lorsque, deux ans après (janvier 1888), il fut nommé chargé de cours à la Sorbonne, ce ne fut pas sans regret qu'il quitta la rue d'Ulm. « J'avoue, écrit-il à Fustel, le 10 février, qu'à ma dernière leçon, quand j'ai dit adieu à mes élèves, les larmes me sont presque venues aux yeux. » Il tenait beaucoup à son titre de maître de conférences, et, bien qu'élevé plus tard, à la Faculté, au rang de professeur-adjoint, il le conserva jusqu'en 1904, date à laquelle, par suite du rattachement de l'École normale à l'Université de Paris, il devint titulaire d'une chaire, créée pour lui, d'histoire grecque.

Cette chaire et les suffrages de l'Académie des sciences morales, qui lui vinrent peu après (1906), étaient la récompense méritée de sa vie laborieuse. Il avait beaucoup produit, et des ouvrages de premier ordre. Non qu'il fût de ceux qui produisent vite : il avait toujours eu le travail difficile, et les ménagements auxquels l'obligeait sa santé chancelante, limitèrent encore, dans la suite, la somme d'efforts qu'il pouvait donner. Mais il travaillait avec une régularité admirable, le matin de préférence, consacrant l'après-midi à des marches fabuleuses, qu'exigeait le régime qu'il suivit longtemps sans se lasser. Ce labeur méthodique portait ses fruits. « Mon travail, écrit-il à son frère Jean, le 22 mai 1892 (il rédigeait alors la *Propriété foncière*), mon travail avance toujours avec une sage lenteur. Tous les matins j'abats mes deux pages, et je ne suis pas en somme trop mécontent de ce que j'écris. » La première étude par laquelle il se signala après ses thèses, est un mémoire qui parut dans les *Annales des facultés des lettres de Bordeaux et de Toulouse* (1883), sous ce titre : *De la condition des alliés pendant la première confédération athénienne*. C'étaient ses premiers pas dans l'histoire grecque ; dès lors, sans renoncer à l'histoire romaine, ce sont les Grecs qui l'occuperont surtout. Après les *Assemblées provinciales dans l'empire romain* (1887), c'est à eux qu'il doit son chef-d'œuvre, la *Propriété foncière en Grèce jusqu'à la conquête romaine* (1893). Ses goûts, de plus en plus, le tournaient vers l'histoire économique ; de là, dans la *Bibliothèque de la Faculté des lettres de Paris*, ce curieux travail dont le titre seul indique l'esprit : *La main d'œuvre industrielle dans l'ancienne Grèce* (1900). Enfin, il y a deux ans, il groupait en un volume d'un format commode ses *Études économiques sur l'antiquité*, choix d'articles indépendants, mais procédant d'une même pensée, et dont chacun met en lumière, avec une saisissante précision, un aspect de la vie économique de Rome ou de la Grèce. Et j'omets les ouvrages commencés ou projetés, et ceux qu'il écrivit pour l'enseignement secondaire, avec un soin où se reconnaît sa marque, un *Manuel d'histoire romaine*, des *Lectures historiques pour la classe de cinquième*, un *Conciones* composé sur un plan nouveau.

De tout cela il faudrait parler en détail. J'espère le faire ailleurs, et montrer quelle conception de la Grèce, à laquelle le classicisme ne nous avait point habitués, Guiraud a contribué à répandre chez nous. Je voudrais ici, pour finir, laissant de côté l'historien, dire ce que furent le professeur et l'homme.

Il enseigna avec la conscience qu'on devait attendre de son caractère. Son successeur à Carcassonne, M. Gachon, doyen de la Faculté des lettres de Montpellier, a bien voulu me communiquer les notes de ses cours, qu'il lui laissa quand il partit pour Douai. Ce sont des sommaires pleins de choses, où l'on ne sait qu'admirer le plus, de la sûreté des connaissances ou de l'ordre lumineux dans lequel sont disposés les faits. Il eut tout de suite une grande action sur ses élèves, qu'il ravissait, malgré son air farouche, par sa précision, sa netteté qui simplifiait tout. Il était, il fut toujours,— et de plus en plus avec le temps, — de ceux qui ont le don d'aplanir la science et d'y promener comme par la main la curiosité ignorante ou timide. On sentait, de plus, en lui le meilleur des juges, un juge sévère, exigeant, mais sensible à tous les mérites. Dans les divers jurys d'agrégation où il siégea, les candidats ne pouvaient avoir d'appréciateur plus judicieux de leur valeur. On le redoutait, mais sa présence était une sauvegarde; la rectitude de son jugement inspirait une confiance illimitée.

Ce fut surtout à l'École normale qu'il eut de l'influence, et à la Sorbonne. Les premiers normaliens qui l'entendirent, avaient la bonne fortune de suivre en même temps les leçons de Fustel de Coulanges à la Faculté, et Guiraud les suivait avec eux, heureux de redevenir l'élève de son maître. La comparaison entre eux se fit bien vite; chez l'un on retrouvait la méthode de l'autre, avec des différences : Fustel était jugé plus artiste; il interprétait les témoignages, et les complétait au besoin, avec une force d'imagination, une habileté, une finesse qui transportaient. « Guiraud, m'écrit M. Gsell, s'avançait avec plus de prudence; il s'attachait aux textes avec une sorte d'âpreté qui donnait parfois à son exposition un peu de dureté et de sécheresse. Il ne se faufilait pas à travers les documents ; il les saisissait fortement et les entraînait vers des conclusions limitées, mais sûres. » Son action n'en était que plus efficace ; on aimait cette façon rude de présenter les choses, où se devinaient la probité scientifique et l'énorme travail exigé par un enseignement ainsi compris ; on aimait aussi la franchise souvent douloureuse, jamais blessante, avec laquelle Guiraud dirigeait les exercices pratiques. La leçon, la leçon d'élève, corrigée par lui, et quelquefois refaite, était au nombre de ses moyens d'influence les plus puissants. Je dois à l'un de ceux qui l'ont le mieux connu à la Sorbonne, à mon collègue Guignebert, quelques pages, dont il me permettra de détacher celle-ci, qui peint précisément l'épreuve de la leçon, telle que la pratiquait Guiraud dans sa conférence :

« C'était, pour chacun de nous, un événement dans notre vie scolaire... La leçon d'étudiant venait en seconde heure, après une séance d'explication de texte. Paul Guiraud rassemblait ses fiches et fermait son livre, puis il tirait de sa poche un terrible petit carnet qu'il retournait sur la table pour le maintenir ouvert ; un coup d'œil, et l'on commençait. Il écoutait impassible, du moins en apparence ; car, lorsqu'on le connaissait bien, d'imperceptibles mouvements de son visage, une ombre légère qui passait dans ses yeux, laissaient deviner une part de ses impressions. De temps en temps, il jetait un mot sur le petit carnet et jamais il ne semblait regarder le patient, placé en ce temps-là, non pas en face de lui, mais de côté, sur une petite table perpendiculaire aux autres ; au vrai, il ne perdait rien de ses gestes et de sa façon de faire, et l'on ne tardait guère à s'en apercevoir. Avait-on fini, il s'assurait d'un regard qu'on ne dirait plus rien, puis de la main gauche, il retournait son carnet et le considérait en silence, pendant qu'il se passait et repassait doucement l'autre main derrière l'oreille droite ; pas une fois je ne l'ai vu changer ce rite, dont l'accomplissement provoquait, durant quelques secondes, une angoisse très désagréable chez le malheureux qui attendait. »

Alors, — ici j'abrège, — commençait la correction. Dure, brutale même dans les premières années, elle se fit, par la suite, plus modérée de forme, sans rien perdre de sa sincérité.

Les formules d'éloge variaient peu, et elles n'avaient pas de quoi tourner la tête : « C'est une assez bonne leçon », ou : « Ce n'est pas une mauvaise leçon ». — « Il n'allait jamais beaucoup plus loin, ajoute M. Guignebert, et quand il y venait, nous nous sentions emplir d'aise. »

Ces manières d'agir tenaient à distance, mais chez lui, dans son cabinet de travail, quelle surprise ! C'était un autre homme. Les étudiants qui l'allaient voir le dimanche matin, le trouvaient souriant, bon, prêt à les servir, leur prodiguant ses conseils avec un intérêt dont ils ne revenaient pas. Il rendit à plus d'un, dans ces réceptions matinales, des services qu'ils n'oublieront jamais. Quand on allait le consulter pour des thèses, c'était le même empressement à guider les indécis, et l'on sortait ravi de l'entretien, heureux d'avoir découvert un homme chez ce professeur guindé, à l'air indifférent.

Ainsi le représentent les souvenirs, les impressions que d'anciens élèves de Paul Guiraud, avec une complaisance dont je les remercie, m'ont adressés. Avouerai-je que le portrait qui s'en dégage, bien que contenant beaucoup de traits justes, ne me semble pas répondre tout-à-fait à la réalité ? On se connaît mal, quoi qu'on fasse, entre étudiants et professeurs. Je ne sais si, hors de France, les choses se passent autrement, mais j'ai le sentiment que chez nous la barrière reste trop haute. Il y a faute des deux côtés. Nous avons tous été étudiants, et nous savons ce que c'est que la timidité d'un jeune homme, ou son orgueil, ce qui revient au même ; mais peut-être n'avons-nous pas assez présent à l'esprit qu'il faut faire beaucoup pour l'apprivoiser ; beaucoup et pas trop, — on risquerait d'éloigner, — la mesure exacte ne se trouve pas aisément. Guiraud, je crois, ne la trouva jamais, parce que lui-même était resté timide. Cette raideur apparente, ce soin qu'il semblait mettre — et qu'il ne mettait pas — à éteindre son regard, merveilleux de vie et d'intelligence, cette réserve dans ses paroles, tenaient en grande partie à ce fond de timidité qui persista chez lui en dépit de l'âge. Cela tenait peut-être encore à ce qu'il pensait beaucoup, non pas toujours à ses travaux. Il avait souffert, vu souffrir autour de lui : il lui en resta des habitudes de vie intérieure qui le faisaient passer pour froid ou pour distrait. La vérité est qu'il fut tout le contraire. Avec ceux devant qui il dépouillait sa gêne, c'était le causeur le plus étourdissant qu'on pût rêver, gai, spirituel, moqueur, exécutant d'un mot les petites vanités, les petites lâchetés morales, surtout les médiocrités intellectuelles, pour lesquelles il avait un souverain mépris. Sa conversation était un régal. Il parlait de tout, aimait tout, et, plus il allait, plus son esprit s'élargissait et s'élevait. Il adorait l'art. Lorsqu'il alla voir son frère en Italie, il fut enthousiasmé. Il lui écrit de Florence : « La ville est charmante, plus jolie que Rome et Naples, avec cela très calme, très paisible. C'est un séjour de paix et de repos. J'ai été émerveillé de la quantité d'œuvres d'art qu'on y rencontre à chaque pas. On dirait qu'elles y ont été jetées à profusion par des gens qui ne se doutaient même pas de leur beauté. » Il admirait toutes les belles choses et trouvait dans leur commerce des joies infinies, qui faisaient s'épanouir sa sensibilité délicate. Car c'était un sensible, je dirai plus, un sentimental ; il ne résistait pas à certaines émotions. Je me souviens encore de sa réconciliation avec Burdeau, après une longue brouille. Burdeau venait d'arriver au ministère de la marine, et Guiraud ne voulut pas que les promotions qui l'avaient connu demeurassent indifférentes à ce grand événement. Il organisa un banquet en son honneur. Il lui écrivit pour lui demander son jour : entre eux ce serait une trêve, lui disait-il. Burdeau lui répondit : « Je suis à ta disposition et pour le banquet et pour la trêve. J'y aurais été même pour la paix, mais n'en parlons plus. » Il vint au banquet. Au dessert, Guiraud tomba dans ses bras. Il tenait beaucoup de sa mère, qu'il aimait passionnément, et dont la mort, quand il était en première année d'École, sur le point de passer sa licence, fut une des grandes, une des profondes douleurs de sa vie. C'était une femme d'imagination et de sentiment, vive, gaie jusque dans les moments de misère. Il avait hérité d'elle cette âme mobile et sensible qui perçait à travers sa rudesse extérieure. Peut-être s'ignorait-il ; il se croyait un rigide et un fort, et au fond il était un tendre. C'est ce qui faisait de lui le plus délicieux des amis, celui dont on sentira la perte toujours. Je ne l'ai pas vu durant sa maladie, je craignais de l'approcher, de le fatiguer; il était si faible ! Je m'informais seulement. Un soir que j'allais aux nouvelles, j'appris qu'il venait de passer dans une crise. Je ne trouvai qu'un cadavre. Il m'en reste une amertume que le temps n'adoucira pas.

Paul Girard.

BIBLIOGRAPHIE

GUILLAUME GUIRAUD

6 Novembre 1823 – 26 Mars 1894

Héliog. Dujardin.

Dans la notice qui précède, M. Paul Girard a voulu faire revivre la personne de Paul Guiraud. Il y a parfaitement réussi grâce à l'amitié toute particulière qui les unissait depuis trente-cinq ans et qui était devenue une étroite intimité ; je tiens à l'en remercier au nom de toute ma famille.

Plus que personne, il aurait pu exposer et apprécier l'œuvre historique de Paul Guiraud : une même passion les attirait l'un et l'autre vers cette civilisation hellénique qu'ils comprenaient si bien et dont ils aimaient à s'entretenir. Il n'a pas voulu le faire dans cette notice uniquement consacrée aux souvenirs de l'amitié ; mais nous espérons qu'un jour il voudra bien, comme il nous le promet, étudier Paul Guiraud historien et nous montrer la conception si originale qu'il s'était faite de la Grèce.

Il était bon, en attendant, de retracer pour les amis, les collègues et les admirateurs de Paul Guiraud, le tableau de son activité intellectuelle, brusquement arrêtée, dans sa pleine puissance, par une mort prématurée. C'est ce que j'ai voulu faire, en dressant la liste des ouvrages, des articles et des comptes-rendus critiques, écrits par mon frère depuis sa sortie de l'Ecole normale jusqu'à ses derniers jours. Il ne m'appartenait pas de louer celui qui a été, avec mon père, mon guide dans la vie et l'un des maîtres de mon esprit. J'ai mieux aimé demander l'appréciation de ses œuvres aux historiens de marque qui en ont parlé à l'Institut ou dans les revues ; et j'ai reproduit leurs comptes-rendus.

Sans avoir la prétention d'être complet, j'ai aussi donné l'indication des articles bibliographiques qui ont paru dans les principales revues françaises et étrangères, sans omettre ceux d'entre eux — fort rares, il est vrai, qui étaient défavorables. Pour ceux que je n'ai pas lus, j'ai emprunté les résumés qu'en a donnés la Revue de philologie *dans son excellente* Revue des revues.

J'ai reproduit en appendice les hommages si touchants qui ont été rendus à la mémoire de Paul Guiraud, par des savants dont l'estime et l'amitié lui étaient précieuses ; à eux comme à M. Girard, je me plais à dire merci.

Leurs éloges et leurs regrets proclament assez la perte qu'a faite la science historique française, lorsque Paul Guiraud lui a été brusquement ravi ; mais qui pourra mesurer le vide profond qu'il a laissé au milieu des siens ?

J. G.

I

OUVRAGES HISTORIQUES

Le différend entre César et le Sénat (59-49 av. J.-C.)

Paris, Thorin, 1878, in-8°, 138 p. (Thèse de doctorat-ès-lettres (1) présentée à la Faculté des lettres de Paris).

COMPTES-RENDUS

Revue historique (1880) II, pp. 154-158.)

M. P. Guiraud, dans ce volume, a entrepris de trancher l'une des questions les plus difficiles et les plus obscures de l'histoire romaine. Lorsque César passa le Rubicon, au mois de janvier 49, il est évident qu'il commettait une grave illégalité ; mais était-il réellement l'agresseur ou bien le Sénat ne lui avait-il pas donné l'exemple de la violation des lois, en lui enlevant son commandement avant le temps et alors qu'il n'avait pas le droit de le faire ? Mommsen (2) est d'avis que le Sénat a eu les premiers torts. D'après lui, les pouvoirs conférés à César par la loi Vatinia et prorogés par la loi Pompeia-Licinia, expiraient au 1er mars 49 (an de Rome 705). En rappelant César, le 1er janvier de cette même année, le Sénat devançait le terme fixé. A ne considérer que la question de procédure et de pure forme. c'est de lui qu'est partie la provocation et c'est lui qui est responsable de la guerre civile. Zumpt (3), au contraire, estime que le commandement de César prenait fin le 13 novembre 50. Il justifie ainsi les sénateurs du reproche que Mommsen leur adresse. Du moment que le terme légal était arrivé et même dépassé, ils usaient d'un droit incontestable en enlevant au proconsul ses provinces et ses légions. César seul est coupable... La théorie de M. Guiraud se rapproche de celle de Zumpt en ce sens qu'il admet, lui aussi, que la conduite du Sénat

(1) Cette thèse de doctorat était dédiée à M. Fustel de Coulanges que, dès ces premiers débuts de sa carrière scientifique, M. Guiraud proclamait « son maître » ; il avait été son élève à l'Ecole normale supérieure. Cette thèse valut à son auteur le grade de docteur, « à l'unanimité. »

(2) Mommsen. *Die Rechtsfrage zwischen Caesar und dem Senat*, 1857. (Mémoires de l'Académie de Breslau.)

(3) Zumpt. *Studia romana.*

a été parfaitement correcte. Mais c'est le seul point commun et pour le reste, M. Guiraud s'écarte des opinions de son prédécesseur. Rejetant la date du 13 novembre 50, qu'aucun texte ne justifie, aussi bien que la date du 1er mars 49, donnée par Mommsen, il croit devoir placer au mois de mars 50 (an de Rome 704) le terme officiel et légal des pouvoirs de César. Dans son système, César ayant pris possession de son commandement à la fin de mars 58, c'est de ce moment seulement que courent les cinq années fixées par la loi Vatinia. A la suite de la conférence de Lucques, la loi Pompeia-Licinia, portée en 55, proroge pour trois ans les fonctions de César. On arrive ainsi à une durée totale de huit années et la date proposée par M. Guiraud se trouve justifiée. *(Suit une discussion du système de M. Guiraud).*

Le livre de M. Guiraud, alors même qu'on n'en adopterait pas entièrement les conclusions, conserve cependant une très haute valeur. Il contient notamment sur la conférence de Lucques, la situation respective de César et de Pompée et l'état des partis à cette époque, des développements très intéressants qui viennent heureusement rectifier certaines assertions contestables de Mommsen. Mais on ferait tort à la thèse de M. Guiraud en en détachant ainsi quelques parties. C'est l'ensemble qui est à louer ; c'est l'intelligence si nette et si pénétrante des faiblesses et des misères de la société romaine, dans les derniers temps de la république... Dans sa conclusion, M. Guiraud fait voir la décadence irrémédiable, la profonde corruption des institutions républicaines condamnées à une ruine prochaine. Cette vérité ressort de son livre avec une force et une netteté vraiment saisissantes. Au premier abord, on serait peut-être tenté de croire que la conclusion est trop générale et dépasse la portée de l'ouvrage. Il n'en est rien. Le débat engagé entre César et l'aristocratie romaine n'est pas rapetissé parce que l'auteur ne considère que la question de légalité. Sans jamais sortir du sujet qu'il a choisi, il a su si bien le féconder que cette discussion purement juridique arrive à nous donner une connaissance complète de ce qu'étaient devenues les mœurs publiques des Romains. M. Guiraud ne s'élève pas en phrases indignées contre les intrigues des partis et l'ambition égoïste de leurs chefs ; il fait mieux : il dévoile les calculs et les secrets de cette politique artificieuse, il la montre, pour ainsi dire, en mouvement et en action, mettant en œuvre toutes les habiletés perfides et multipliant les pièges où chaque faction cherche à prendre ses adversaires. Ce simple exposé des faits, clair, précis, rigoureusement méthodique, d'un style très sobre et très ferme, a la valeur d'un acte d'accusation. Il n'est pas seulement plus instructif que bien des ouvrages plus longs et plus ambitieux, il est aussi plus énergique et plus élégant. *(Suit une discussion sur Cicéron après son retour d'exil.)*

On peut relever dans le livre de M. Guiraud quelques erreurs de détail ; on peut même penser que la partie négative de sa discussion, comme il arrive d'ordinaire, est la plus forte et qu'il a mieux réussi à renverser les systèmes de Mommsen et de Zumpt qu'à établir le sien propre ; il ne lui en reste pas moins le mérite de s'être attaqué courageusement à un des problèmes les plus compliques de l'histoire de Rome. Dès ce premier ouvrage, M. Guiraud a prouvé qu'il était en pleine possession des meilleures méthodes, qu'il apportait dans ces recherches délicates un esprit non seulement consciencieux et patient, mais vraiment original. Aux qualités de l'érudit il joint un remarquable talent de style. Sa thèse, après lui avoir valu un brillant succès en Sorbonne, vient de lui ouvrir l'entrée de l'enseignement supérieur. Il convient de féliciter la Faculté de Douai, à laquelle M. Guiraud est attaché, de la précieuse acquisition qu'elle a faite.

LALLIER.

Journal des Savants (juillet 1879, pp. 437-449.)

M. FUSTEL DE COULANGES, *après avoir posé le problème de la question de Droit, continue ainsi :*

« Suivant M. Guiraud, tout commandement provincial partait du jour où l'on en prenait réellement possession ou plus exactement du jour où on entrait dans la province. Il cite plusieurs textes de Cicéron qui semblent bien établir cette règle. Or César n'est entré dans la province de Gaule Cisalpine que vers le 27 mars 58 : c'est donc à partir de ce jour que devaient courir ses cinq années de commandement.

Cette partie de l'argumentation de M. Guiraud nous paraît fort solide. Il démontre que les théories de MM. Mommsen et Zumpt reposent sur de pures hypothèses ; la sienne s'appuie au contraire sur plusieurs textes bien compris.

Après une discussion serrée des textes concernant la durée des pouvoirs de César et la date de leur expiration, M. Fustel conclut ainsi son article :

« Il était intéressant, au point de vue de l'érudition pure, de chercher si c'était César ou si c'était le Sénat qui était sorti le premier de la stricte légalité. M. Mommsen avait dit que c'était le Sénat, puisqu'il rappelait le 1er janvier 49 celui qui tenait d'une loi son commandement jusqu'au mois de mars. Suivant M. Guiraud, ce commandement était expiré légalement depuis plusieurs mois, lorsque le décret de rappel fut porté. Mais il reste à savoir si une troisième loi n'avait pas, sous une forme indirecte, prorogé encore ce commandement jusqu'à ce que César en fixât lui-même le terme, en se faisant nommer consul ; c'est ici le point le plus obscur et la partie vraiment insoluble du problème. Aussi concluons-nous que nous ne pouvons pas savoir si la légalité, c'est-à-dire la lettre de la loi, était pour César ou contre lui.

Le travail de M. Guiraud nous laisse donc encore dans le doute. Ce n'est pas à dire qu'un si sérieux et si puissant effort d'investigation ait été fait en vain. Outre que M. Guiraud a le mérite d'avoir démontré l'inexactitude de quelques théories qui avaient cours jusqu'ici, outre qu'il a porté sur le sujet autant de lumières que l'état des documents en pouvait donner, nous lui devons surtout d'avoir éclairci plusieurs points du droit public romain et de nous avoir fait pénétrer plus avant dans des débats où nous saisissons les incertitudes et l'état d'esprit des contemporains de César. Il n'est pas nécessaire qu'une solution définitive soit trouvée, si, rien qu'en la cherchant, nous avons déjà beaucoup appris. Ces austères études servent toujours la science [1].

FUSTEL DE COULANGES.

Revue critique (22 mars 1880. pp. 232-237.)

Après avoir longuement résumé et discuté le système de M. Guiraud, avec les observations de M. Fustel de Coulanges, M. GIRAUD *conclut :*

« La question de légalité du rappel n'est pas facile à trancher dans l'état actuel de nos connaissances; il nous faudrait pour cela avoir plus de détails sur certaines clauses de la loi que Pompée avait portée en 52 concernant la nécessité d'être présent à Rome pour briguer le consulat et dans laquelle il y avait une exception constituée en faveur de César... Après tout, César avait-il décidément pour ou contre lui la légalité, c'est-à-dire la lettre de la loi, c'est un détail d'intérêt secondaire. La thèse de M. Guiraud est une étude historique bien conduite et bien raisonnée, écrite d'un style sobre et clair, détruisant deux systèmes faux de deux maîtres de la science historique et éclairant plusieurs points importants à connaître qui étaient jusqu'ici restés dans l'ombre. C'est en somme une de ces monographies qui font avancer la science.

M. Ch. Giraud ajoute, au bas de la page, cette note :

M. Victor Duruy a bien voulu nous communiquer les épreuves d'un travail sur cette même question du différend entre César et le Sénat, dont il a entretenu, dans ces derniers temps, l'Académie des Sciences morales et politiques. Le tableau qu'il trace de la société romaine, de la situation politique et de l'état des esprits à l'époque dont il s'agit, est pris sur le vif, animé, saisissant : il explique, avec une grande clarté, ce qu'était la liberté pour laquelle luttaient Caton et la faction oligarchique du Sénat, quels étaient les intérêts et les besoins du monde romain, le rôle et la conduite du proconsul des Gaules; il communique d'une façon irrésistible au lecteur la sincère admiration que, de vieille date, il a conçue pour César. M. Duruy ne trouve ni aussi ingénieux ni aussi vraisemblable que nous le système Guiraud-Fustel de Coulanges, en ce qui concerne la durée des pouvoirs de César. Mais la note qu'il a consacrée à la discussion de ce problème ne nous paraît point irréfutable.

CH. G[IRAUD.]

(1) M. Fustel de Coulanges a réédité cet article dans ses *Questions historiques* (1893, in-8°, Paris, Hachette, pp. 453-469.)

Académie des Sciences morales et politiques (*Séances et travaux*, 1880, t. XIII, pp. 185-216 et 457-498.)

M. Victor Duruy *reprend la thèse de M Guiraud et s'efforçant de la réfuter, essaie de prouver le droit de César (Cf. plus haut la note de M. Ch. Giraud sur la tentative de M. V. Duruy).*

Académie des Inscriptions et Belles-Lettres. (*Comptes-rendus des séances* (juillet-sept. 1879.)

M. Ernest Desjardins, *membre de cette Académie, présente avec éloges, à ses confrères le livre de M. Guiraud ; ancien professeur de M. Guiraud à l'Ecole normale supérieure, M. Desjardins rappelle que la première origine de cette thèse a été un travail de M. Guiraud à l'Ecole normale.*

Revue archéologique. (décembre 1879.)

M. Bouché-Leclercq *fait l'analyse et l'éloge du livre de M. Guiraud utilisé, dit-il, et dépassé par M. Fustel de Coulanges dans son article du* Journal des savants.

Historiche Zeitschrift. (1881 t. IX 3.)

Résumé du compte-rendu : Ce livre contient d'excellentes remarques mais ne donne pas une solution satisfaisante de la question (1).

Iahresberichte von Bursian (1879.)

Résumé du compte-rendu : Ce livre est un travail consciencieux, méthodique et tout à-fait digne d'attention, même aux endroits où il ne convainc pas. Suivant l'auteur, la légalité stricte était du côté du Sénat ; mais il est visible que, dès lors, la République touche à sa fin et que Rome est incapable de se gouverner elle-même : dans un tel état de choses, l'autorité ne pouvait pas tomber dans de meilleures mains que celles de César.

Beitraege zur alten Geschichte (1904, pp. 77-87 et 1905, pp. 236-240.)

Dans cet article, M. Hirschfeld *reprend l'examen du problème et arrive à des conclusions qui se rapprochent beaucoup de celles de M. Guiraud.*

(1) Signé G. Z., cet article semble être de Zumpt, celui-là même dont M. Guiraud, dans sa thèse, combattait le système.

Ibid. (1905, p. 107.)

M. Holzapfel *est d'un avis contraire.*

De Lagidarum cum Romanis societate. Paris, Thorin, 1879, in-8°, 70 pages. (Thèse latine de doctorat-ès-lettres, présentée à la Faculté des Lettres de Paris ; *dédiée à M. Ernest Desjardins.*)

COMPTES-RENDUS

Iahresberichte von Bursian (1882).

Résumé du compte-rendu : non sans mérite, mais l'auteur est tributaire dans une large mesure des travaux de ses devanciers.

Iahresberichte der Geschichtswissenschaft (1883).

Les Assemblées provinciales dans l'empire romain. Paris, Colin, 1887, in-8°, 309 pages. (Mémoire couronné par l'Académie des Sciences morales et politiques dans sa séance du 5 juin 1886, prix Bordin.)

COMPTES-RENDUS

Académie des Sciences morales et politiques. *Rapport sur le concours relatif aux Assemblées provinciales dans l'Empire romain, lu dans les séances du 29 mai et du 5 juin 1888. (Extrait concernant le mémoire couronné de M. Guiraud, des Mémoires de l'Institut, Académie des Sciences morales et politiques, t. XVI, p. 287 et suivantes*).

On trouve dans ce mémoire une méthode véritablement scientifique ; le sujet est vu dans son ensemble, étudié dans le détail et le lecteur se trouve conduit logiquement des prémisses à la conclusion.

L'ouvrage compte 330 pages d'une écriture serrée, dont moitié à peu près pour les notes. L'auteur traite d'abord la question générale, de la religion considérée comme principe d'union dans l'antiquité. Il me semble qu'il donne, dans cette discussion, trop d'importance à l'influence religieuse. Si la religion a été, chez les anciens, le lien de la famille, de la tribu, de la cité et des fédérations, elle n'en a pas été le principe ; l'homme précède le dieu ; la famille existe avant le culte des aïeux, et si la religion consacre les ligues, c'est le plus souvent l'intérêt public qui les forme. Ainsi, la confédération athénienne, après les guerres médiques, où l'auteur voit de grandes préoccupations religieuses, ne fut qu'une œuvre de sage prévoyance contre un retour offensif des Perses et l'établissement du trésor commun à Délos une précaution habile d'Aristide, pour ne pas éveiller les inquiétudes des alliés, en le transportant, dès le premier jour, à Athènes, comme Périclès le fit quelques années plus tard.

Il y aurait d'autres réserves à faire sur les causes qui ont amené la chûte de la République. L'auteur semble n'en voir qu'une seule, l'invasion de Rome par l'hellénisme, il y en eut bien d'autres ; et d'aussi grosses questions ne pouvant être traitées en quelques lignes, mieux vaut les éviter que n'y toucher qu'en passant.

Les chapitres sur l'apothéose et sur le culte de Rome et de l'empereur sont intéressants, sans que l'auteur ait suffisamment rattaché l'apothéose à la vieille croyance, commune aux Grecs et aux Romains, touchant le rôle des morts purifiés par les cérémonies funèbres et devenus les protecteurs de ceux qu'ils avaient laissés derrière eux dans la vie. En un temps où le crédit de Jupiter avait singulièrement baissé, Cicéron écrivait encore : « Rendez aux dieux mânes ce qui leur est dû et tenez-les pour des êtres divins, car vos aïeux ont voulu que ceux qui étaient sortis de cette vie fussent au nombre des dieux ». Des morts vulgaires les Romains faisaient des Pénates et des Lares, gardiens du foyer ; des morts illustres les Grecs firent des génies et des héros divinisés ; les Asiatiques, allant aux dernières conséquences de ce système, élevèrent leurs premiers morts, même leurs princes vivants, à la condition des dieux. Ces sacrilèges n'indignaient personne et ces idées gagnèrent de proche en proche l'Occident. Lorsque le Sénat, après Actium, ordonna que le génie d'Auguste serait honoré aux mêmes lieux que les dieux Lares de chaque famille et de chaque cité, les peuples s'empressèrent de mettre l'image du prince à côté de leurs Pénates et nous pouvons assister au singulier spectacle de la formation d'une religion officielle, le culte de Rome et d'Auguste, avec son clergé particulier, les Augustaux et les Flamines. La politique et la religion se mêlèrent si bien dans cette institution habile et hardie que ce fut autour de l'autel où se célébra le nouveau culte, que les assemblées provinciales se réunirent.

On voit en tout cela beaucoup de servilité ; il y en eut certainement ; mais il faut juger les anciens d'après les idées anciennes. L'auteur du mémoire pense que le culte naquit « du sentiment, qui, alors, remplissait les âmes, le fanatisme du pouvoir d'un seul ». « L'esprit romain, dit-il, s'était représenté l'autorité publique, *imperium*, comme absolue et le culte des empereurs devait à la longue sortir de là ». Il n'est pas de la nature des choses qu'une religion sorte d'une abstraction ; celle-ci n'a duré sérieusement, pendant trois siècles, que parce qu'elle s'accordait avec de vieilles croyances qui existaient depuis longtemps dans les âmes païennes.

L'auteur a cherché dans toutes les provinces les traces que l'assemblée générale pouvait y avoir laissées, et il arrive à cette conclusion que probablement il en existait partout, les documents ne faisant défaut que pour les pays où il n'a encore été exécuté que bien peu de travaux archéologiques. Il étudie ensuite leur composition et leur compétence, le rôle qu'elles ont joué, les transformations qu'elles ont subies jusqu'à l'édit d'Honorius, en 418. Toutes les informations éparses dans les écrits, les codes et les inscriptions ont été soigneusement recueillies; ce qui a permis à l'auteur d'élucider une foule de questions restées jusqu'ici dans l'ombre.

La liste des gouverneurs, poursuivis à la requête des assemblées provinciales, est particulièrement intéressante. Lorsqu'on voit que le tribunal où ces procès se jugent est le Sénat tout entier, que les avocats donnés par lui à la députation provinciale pour soutenir l'accusation sont les personnages les plus considérables de l'empire, Pline et Tacite par exemple, et qu'on entend Thraséa s'écrier : « Nos sujets tremblaient jadis devant les proconsuls républicains, ce sont aujourd'hui les proconsuls impériaux qui tremblent devant nos sujets », on comprend qu'il s'est produit dans le monde romain une grande nouveauté : de la justice pour les vaincus. Les successeurs des Appius et des Verrès avaient raison de craindre, c'est-à-dire de veiller sur leur conduite, pour ne pas s'exposer à une épreuve maintenant redoutable ; car la peine n'était pas, comme sous la République, l'exil volontaire sous les délicieux ombrages de Tibur ou de Préneste, avec la conservation des biens ; c'était la perte de la fortune et le bannissement dans une des Cyclades, parfois sur l'aride rocher de Gyaros. Sur vingt-deux accusations dont parle Tacite, dix-sept réussirent. Un empereur, Claude, prit même la précaution de ne jamais donner à un gouverneur de nouvelles fonctions qu'après un intervalle de plusieurs mois, afin de laisser aux plaintes le temps de se produire. Aussi est-il permis de penser que les assemblées provinciales, avec leur droit souvent exercé d'adresser au prince l'éloge de leur gouverneur ou de réclamer justice pour quelques-uns de ses actes, ont contribué, indirectement si l'on veut, à la bonne administration de cet empire que les peuples purent appeler, durant deux siècles, *la paix romaine*.

En résumé, l'ouvrage qui vient d'être examiné répond d'une manière très satisfaisante à la question proposée par l'Académie; car nos observations ont porté plutôt sur certains points extérieurs que sur le fond même du sujet, qui a été bien compris, largement étudié et exposé avec un style clair, sans mérite particulier, mais tel que l'exige la discussion scientifique.

Votre commission, Messieurs, vous propose, à l'unanimité, de donner le prix à l'auteur du mémoire n° 1.

Victor DURUY.

Académie des Sciences morales et politiques. (*Séances et travaux*, 1888, t. 29.)

Dans la séance du 10 décembre 1887, M. Auguste GEFFROY, *membre de l'Académie, présente, en ces termes, l'ouvrage de M. Guiraud :*

« C'est le mémoire que l'Académie a couronné, il y a deux ans, à la suite d'un de ses concours. L'excellent volume que l'Académie peut se féliciter d'avoir suscité, est un modèle de science précise et de saine critique. Tous les textes soit littéraires, soit épigraphiques, ont été recherchés et classés avec un soin scrupuleux ; il est fort à croire que pas une utile indication, même parmi les inscriptions les plus récemment découvertes, n'a échappé à l'auteur. Quant à l'interprétation de ces textes, la plus sévère méthode et le plus ferme esprit y ont présidé. M. Guiraud est de ceux qui tiennent à ne donner des conclusions qu'à coup sûr ; il aime mieux s'abstenir que d'exprimer des assertions téméraires. « Cette étude paraîtra sans doute fort incomplète, dit-il, encore craignons-nous d'avoir par moments trop affirmé » La récompense de ce travail énergique et de cette sévère méthode, c'est que les résultats obtenus sont vraiment personnels à l'auteur; c'est qu'ils sont acquis à la science historique, tout au moins comme déterminant, dans l'état de nos connaissances le degré d'avancement de la question ; c'est qu'ils indiquent la bonne voie aux recherches ultérieures, pour le cas possible de nouveaux textes que révelerait l'épigraphie. M Guiraud pose des règles utiles concernant l'étude de l'antiquité classique. . Une sérieuse étude, comme celle de M. Guiraud, ne peut qu'avancer notre connaissance d'une période si grave de l'histoire générale. Ce livre a réalisé toutes les espérances qu'avait conçues votre section d'histoire, quand elle vous avait proposé, sur l'indication de notre respecté confrère, M. Duruy, un sujet dont il avait déjà, dans son *Histoire des Romains*, signalé et démontré l'importance. »

Auguste GEFFROY.

Revue historique (1889, t. I, pp. 95-97.)

Les historiens de l'ancienne école ne parlaient guère des assemblées provinciales; dans ces derniers temps, au contraire, l'importance politique de ces diètes fédérales a été souvent exagérée. On s'est plû à y reconnaître comme un essai de régime représentatif et le premier pas vers une autonomie relative concédée par le gouvernement impérial aux provinciaux. Ce sont là des illusions que dissipe une étude plus attentive et M. Guiraud, dans l'excellent ouvrage qu'a couronné l'Académie des Sciences morales, a ramené les choses à leurs véritables proportions. Les Κοινά, les assemblées provinciales, sont, en partie du moins, antérieures à l'empire; ce n'est donc pas à lui qu'on en doit l'institution. A côté de ces assemblées plus anciennes, il y en a beaucoup que les Romains se contentèrent de modifier, d'autres enfin qu'ils créèrent, ou plutôt auxquelles le culte de Rome et d'Auguste donna naissance. Pendant le premier siècle, où elles se multiplièrent très rapidement, leur caractère est surtout religieux ; ce sont des réunions annuelles motivées par la célébration du culte de Rome et des empereurs. Peu à peu, leurs attributions s'élargirent ; elles firent entendre des doléances, exprimèrent la satisfaction ou le mécontentement de la province ; mais, en cela encore, elles ne sont qu'un rouage du pouvoir impérial, une police officieuse, comme dit M. Guiraud, un *instrumentum regni*. Loin de limiter le pouvoir des empereurs, les assemblées provinciales le servent et l'éclairent, toutes les fois du moins que l'expression de leurs vœux peut arriver jusqu'au prince et que la malveillance ou la négligence des bureaux ne l'arrêtent pas au passage. Lorsque le paganisme cesse d'être religion d'Etat, les assemblées se sécularisent entièrement et deviennent, sous le Bas-Empire, de véritables corps politiques, mais dont les attributions et les moyens d'action restent toujours singulièrement restreints.

M. Guiraud a mis en œuvre, avec un talent supérieur, tous les renseignements que nous possédons sur ces assemblées ; il a soigneusement compulsé les textes littéraires et juridiques, les documents épigraphiques et les monnaies. Son étude abonde en résultats de détails nouveaux que nous ne pouvons énumérer ici ; qu'il nous suffise de signaler particulièrement ce qui concerne les asiarques, l'*inquisitor Galliarum*, les assemblées de diocèses. Tout cela est exposé de main de maître[1], sans confusion, sans apparence d'effort ; on sent un homme qui a dompté ses textes et ne se laisse pas mener par eux. L'érudition, toute de première main, est sobre, comme il convient à un vrai savant qui ne cherche pas à éblouir les badauds. Que si après cela on trouve un peu puérile l'imitation du style de M. Fustel de Coulanges, jusque dans les détails qui sont comme les *tics* littéraires de ce grand maître, — par exemple, l'emploi fréquent de la formule « les hommes » là où d'autres écriraient simplement « on », — je n'y contredis point ; mais puisqu'il n'y a pas, dans notre littérature historique, de plus admirable modèle que celui-là, et comme l'imitateur, par cela même qu'il imite habilement, s'exprime toujours avec clarté

(1) On s'en est déjà aperçu à l'étranger et M. O. Hirschfeld a justement qualifié de *vortreffliche Schrift* l'ouvrage dont nous avons le plaisir de rendre compte. (*Sitzungsberichte der Akademie zu Berlin*, 19 juillet 1888, p. 847.) — (S. R.)

et avec goût, je ne vois pas qu'il y ait là grand inconvénient. Et puis, M. Guiraud ne s'est pas contenté de ce qu'on pourrait appeler un adroit pastiche ; il a encore emprunté à son modèle le sens politique, la rigueur de la méthode, l'art d'interpréter et de faire valoir les textes, qualités par où l'imitateur, pour imitateur qu'il soit, devient maître et original à son tour. (*Suivent, en notes, quelques critiques de détail.*)

Salomon Reinach.

Revue historique (1889, t. III, pp. 401-404.)

Voici un bon livre et qui ne me fait regretter qu'une chose c'est d'en parler si tard. De tous les écrits produits par la génération que M. Fustel de Coulanges a formée à l'étude de l'antiquité, c'est peut-être le meilleur, celui qui est le mieux conçu, le plus digne des leçons et de l'exemple du maître. La méthode est excellente : le point de départ est toujours le texte et les conclusions ne dépassent pas les prémisses ; la langue est sobre et précise. En même temps, s'inspirant des habitudes allemandes, M. Guiraud multiplie les notes, les renvois, les listes et les statistiques. Son livre est donc, en même temps qu'une œuvre solide d'histoire, une monographie sûre et complète.

Dans son introduction, l'auteur expose les origines, en quelque sorte théoriques, des assemblées provinciales. D'une part, aucun de ces conseils ne va sans un culte ; les mêmes lois qui ont présidé aux naissances des villes expliquent la formation des ligues : l'assemblée antique, comme la cité antique, n'a pu s'organiser qu'à l'aide de la religion. On le voit : c'est l'esprit même et la pensée de M. Fustel de Coulanges qui animent ces premières pages, comme c'est sa méthode qui a guidé tout le travail. D'autre part, il ne pouvait y avoir des assemblées provinciales dans l'empire romain sans qu'elles ne ressortissent à la même religion ; il leur fallait à toutes une même tendance, c'est-à-dire un même culte ; ce culte fut celui de l'empereur divinisé. (*Suivent quelques critiques sur l'apothéose impériale*).

M. Guiraud étudie ensuite les origines et l'organisation des assemblées provinciales sous le Haut-Empire (livre Ier). Nous aurions aimé, là aussi, qu'il élargît un peu plus la question des origines, qu'il nous montrât par exemple que l'institution des conseils provinciaux dans un grand empire n'est pas un phénomène particulier à l'empire romain ; l'empire d'Alexandre, celui des Perses les ont connus... Le livre II traite du pouvoir de ces assemblées. C'est peut-être la partie la plus intéressante de cet ouvrage et la plus neuve de tous points. Il s'en dégage une conclusion qui paraît très nette et très sûre : c'est qu'à chaque étude nouvelle que l'on fait de la question, l'autorité des conseils provinciaux se montre plus forte qu'on ne le croyait auparavant. Il n'y a pas à le nier : c'étaient de vrais corps politiques, actifs, vivants, influents .. Dans son troisième livre, M. Guiraud s'occupe, avec le même soin et le même bonheur, des assemblées provinciales sous le Bas-Empire. Il y a un chapitre tout nouveau sur les conseils de diocèses. Je ne regrette qu'une chose c'est que les textes ne lui aient point permis de marquer les dernières destinées de ces réunions, au temps des invasions barbares...

Malgré ces réserves, si légères d'ailleurs, et qui sont toutes de regrets, nous ne pouvons que louer et qu'approuver ce livre d'un bout jusqu'à l'autre. Nous en aurions volontiers chargé le cadre ; mais étant donné ce que M. Guiraud a voulu faire, il l'a bien fait, sobrement, complètement. C'est un livre qui, après avoir été conçu et fait sur un modèle célèbre, est destiné à devenir un modèle à son tour.

Camille JULLIAN.

Revue de l'histoire des religions (1889, t. XIX, pp. 220-224.)

Après avoir résumé minutieusement le livre, M. LAFAYE *ajoute :*

« De tous les élèves que M. Fustel de Coulanges a formés à l'École normale, M. Guiraud est celui qui par l'indépendance de son esprit, par la sûreté de sa méthode, par la précision et la fermeté de son style, rappelle le plus fidèlement les qualités ordinaires du célèbre historien. Il y aura peut-être plus d'un correctif à apporter à ses jugements ; mais son livre a, comme ceux du maître dont il a suivi les leçons, le grand avantage de faire penser. M Guiraud n'aime pas les lieux communs ; on le voit et on le sent à chaque page ; il a une façon froide et discrète d'exécuter ses devanciers où il n'entre aucun pédantisme, mais qui trahit une conviction forte, résultat de longues et patientes études. Il procède en général par une série de déductions aboutissant à un trait final qui résume la pensée sous une forme souvent piquante Ce n'est peut-être pas dans les parties les plus savantes de l'ouvrage, là où il a dû se livrer aux recherches les plus étendues, que l'originalité de M. Guiraud se laisse surtout apercevoir ; c'est plutôt au contraire dans les parties les moins neuves, dans celles où l'on s'attendait le moins à la rencontrer ; l'effort qu'il s'est imposé pour rajeunir certains sujets un peu rabattus a été tout-à-fait favorable à son talent Je n'en veux pour preuves que les premiers chapitres, ceux où il expose les origines des assemblées provinciales. Il était difficile de traiter de l'apothéose, sans verser dans l'ornière déjà creusée par tant d'écrivains. M. Guiraud y a cependant réussi... Quelquefois, ces pensées générales que M. Guiraud présente à la fin d'un paragraphe, en manière de résumé et de conclusion, pourraient sembler paradoxales, si elles n'étaient ainsi amenées, et c'est justement par là qu'elles plaisent à l'auteur...

Les statistiques peuvent être d'une grande utilité pour l'historien ; elles présentent un danger dans l'étude de l'antiquité classique, c'est qu'elles sont en général très incomplètes et peuvent par conséquent donner lieu à des inductions fausses. M. Guiraud s'en sert à plusieurs reprises, mais avec des précautions infinies qui ne sont que trop justifiées dans ce sujet comme dans beaucoup d'autres. C'est sans doute ui rendre service que de grossir les listes qu'il a dressées .. Plus tard, les découvertes de l'épigraphie et de l'archéologie enrichiront ainsi le livre de M. Guiraud d'autres faits où il trouvera son profit. Mais en attendant que ces sciences lui apportent de nouveaux secours, elles lui en devront beaucoup. »

LAFAYE.

Académie des Inscriptions et Belles-Lettres (*Compte-rendu des séances*, octobre-novembre et décembre 1897.)

M. G. PERROT *présente cet ouvrage à ses confrères et en fait l'éloge.*

Journal des Savants (1891, pp. 46-54.)

Article de M. DARESTE *dont voici les conclusions :* L'auteur avait toute l'érudition nécessaire pour faire un très bon livre; il a tiré des documents tout ce qu'ils contenaient; cet ouvrage sera toujours la base et le point de départ de toute nouvelle étude sur ce sujet.

Revue critique (1888, t. I, p. 406.)

Article élogieux de M. R. CAGNAT .

Bulletin critique (1888, p. 101.)

Article de M. l'abbé BEURLIER *dont voici les conclusions :* C'est un des meilleurs livres qui, dans ces derniers temps, aient été écrits en France, sur les institutions romaines. Toutefois, le critique n'est pas d'accord avec M. Guiraud sur quelques points.

Sitzungsberichte der kœniglich-preussischen Akademie der Wissenschaften zu Berlin (Compte-rendu des séances de l'Académie royale des Sciences de Berlin, séance du 19 juillet 1888.)

OTTO HIRSCHFELD (Contribution à l'histoire du culte des empereurs) *résume et discute le livre de M. Guiraud .*

Jahresberichte von Iwan Müller (1889.)

Résumé du compte rendu : ouvrage de valeur; car il présente, d'une **façon** claire et à peu près complète, les matériaux sur la question.

Ibidem (1893.)

Résumé d'un compte-rendu : ouvrage d'une très grande importance **non seulement** pour l'histoire des antiquités sacrées mais surtout pour celle de l'empire romain. L'auteur y montre comment le culte provincial de Rome et d'Auguste a donné naissance à des assemblées mi-religieuses, mi-politiques, jouissant d'un droit d'adresse à l'égard de l'empereur et exerçant en fait un certain contrôle sur l'administration des provinces.

Berliner philologische Wochenschrift (7 novembre 1888.)

Article élogieux de M. Hermann Schiller.

Wochenschrift für klassische Philologie (30 janvier 1889.)

Article faisant des réserves.

Literarisches Centralblatt (7 avril 1888.)

Article élogieux.

Egyetemes philologiai Közlöny (1892, 1er fasc.)

Déclare le livre sagace et profond.

La propriété foncière en Grèce jusqu'à la conquête romaine. Paris, Hachette, 1893, in-8° 654 p. (Mémoire couronné par l'Académie des Sciences morales et politiques, dans sa séance du 26 juillet 1890, prix Bordin).

COMPTES-RENDUS

Académie des Sciences morales et politiques. *Rapport sur le concours relatif à la propriété foncière en Grèce, lu dans la séance du 26 juillet 1890 (extrait concernant le mémoire couronné de M. Guiraud, des* Mémoires de l'Institut, Académie des Sciences morales et politiques, *t. XVIII, p. 1108 et suivantes.*).

...Le mémoire n° 2 répond au contraire fort bien aux intentions que la section d'histoire avait eues en choisissant le sujet. C'est bien l'histoire de la constitution même de la propriété foncière en Grèce, de ses différentes transformations, de ses évolutions successives que l'auteur du mémoire étudie, depuis ses formes primitives jusqu'à la chute de son caractère national et de son indépendance, à l'époque de la conquête étrangère. L'auteur a bien compris le sujet, il l'a traité dans ses différentes parties, d'après les règles d'une méthode sévère, et il l'a fait avec une érudition étendue, une critique attentive des sources, une grande précision, une grande lucidité, de sorte qu'au milieu des controverses qui ne pouvaient manquer dans un pareil sujet, l'enchaînement rigoureux de ses déductions est arrivé à l'épuisement de la matière. L'exposition du sujet marche ainsi sûrement, parce qu'elle s'appuie non seulement sur les ouvrages modernes qui en avaient déjà traité, mais sur une documentation à la fois originale et riche, parfois même un peu touffue, mais qui dénote du moins des recherches très personnelles. Peut-être pourrait-on reprocher à l'auteur de ne pas avoir plus nettement, dès le début, accusé son plan, et à la fin, précisé les résultats auxquels il est arrivé. Les divisions ne manquent point dans le travail, mais l'auteur ne s'y arrête pas assez.

Il ne reprend point haleine en se résumant de temps en temps; il ne prend point la peine, même dans un dernier effort, de donner du relief à son travail par une conclusion dont, seul en un sujet si difficile, il pouvait bien arrêter les termes. En un mot, bien que la composition ne manque pas dans ce travail, il semble que l'auteur, après avoir exposé, mis en ordre les riches matériaux que comporte le sujet, n'y ait pas mis cette dernière main qui donnerait à l'œuvre son cachet véritable. Il ne coûtera pas à l'auteur de donner à son mémoire cet achèvement qui assurera son succès.

Il était impossible que, dans un sujet à la fois si spécial et si étendu, il n'y eût pas quelques défectuosités de détail. Un des membres de la Commission, fort compétent en ces matières, en a relevé quelques-unes. A la page 37, où l'auteur du mémoire traite d'invraisemblable le rétablissement de l'égalité des propriétés foncières, ce qu'on appelait l'ἀνομάλωσις, on peut faire remarquer que le rétablissement de cette égalité pouvait être la conséquence nécessaire de l'égalité primitivement établie. Aristote en cite plusieurs exemples et le jubilé mosaïque n'était pas autre chose. Dans le chapitre Ier du livre II, on regrette que l'auteur ne se soit pas expliqué davantage sur la distinction entre le domaine public et le domaine de l'État. Jusqu'à quel point était-elle connue des Grecs? L'auteur distingue-t-il nettement, à la page 202, la substitution pupillaire de la substitution fidéicommissaire, et à la page 219, l'antichrèse de l'usufruit? Dans l'usage généralement justifié qu'il fait des inscriptions, le mémoire ne mentionne pas, pour établir la certitude de l'expropriation pour cause d'utilité publique, l'inscription d'Érétrie δραχμὴν τοῦ πόδος; et il n'explique pas bien l'inscription de Lygdamis. On pourra soumettre encore à l'auteur, quand il se sera fait connaître, quelques doutes sur des points dont l'examen attentif tournera au profit du mémoire.

Quelques réserves générales et de détail qu'on puisse faire sur ce mémoire, on ne peut s'empêcher de reconnaître qu'il ait traité avec succès les différentes parties de son sujet et qu'il l'ait souvent éclairé d'assez vives lumières. Dans le livre Ier de ce travail, qui traite surtout des origines de la propriété foncière chez les Grecs, l'auteur, après avoir examiné la possibilité d'un communisme primitif, nous montre comment, dans la Grèce même et dans ses colonies, la propriété, d'abord familiale, est devenue individuelle, privée. Dans le second, après avoir fait leur part, en Grèce, à la propriété publique et à la propriété sacrée, l'auteur fait l'analyse rigoureuse du droit de propriété privée, quant aux personnes capables de posséder, au droit de succession, à la forme et aux conditions des donations, testaments, ventes, hypothèques, etc. Le livre III traite de la répartition de la propriété foncière, de son exploitation soit directe, soit par colonat ou fermage, de son rendement, enfin des charges qui pesaient sur elle, de son revenu net et de sa valeur vénale. On peut se convaincre par cet aperçu que l'auteur n'a laissé échapper aucun des côtés ou des détails de son sujet. Enfin, dans le livre IV, qui est le plus suggestif pour l'histoire politique de l'ancienne Grèce, on voit le rôle important que joua l'histoire de la propriété foncière dans les luttes des factions, au sein des cités grecques, entre elles. Ce point de vue économique mis en lumière avec beaucoup de sagacité par l'auteur, achève de nous rendre raison des causes de la prompte décadence de la Grèce, après qu'elle eut jeté tant d'éclat, et de la chute de l'indépendance nationale, à laquelle elle avait dû son prestige et sa grandeur.

Cette analyse trop rapide du mémoire nº 2 suffira, je pense, pour montrer la raison non seulement de sa supériorité incontestable sur le mémoire nº 1, mais des mérites considérables qui ont déterminé notre section à lui donner le prix L'auteur de ce mémoire s'est enfermé strictement dans son sujet, il l'a consciencieusement creusé et il a su tirer tout ce qui pouvait servir à éclairer l'histoire de ce peuple qui a occupé un si étroit espace dans notre Europe et exercé cependant sur ses destinées morales une influence si considérable.

C'est pourquoi votre section d'histoire vous propose d'accorder le prix à ce travail, c'est-à-dire au nº 2, dans la conviction qu'il répond bien aux intentions de celui qui lui avait inspiré le choix de cet important sujet. Nous serions heureux que l'Académie voulût bien confirmer notre décision.

J. Zeller.

Revue des questions historiques (t. LVII, 1893, pp. 296-300).

Ce gros ouvrage est un modèle d'exposition, de méthode et de science historiques. L'abondance des matériaux n'y a d'égale que l'excellence de leur mise en œuvre. Pour donner une idée de cette abondance, le plus simple est sans doute d'énumérer les matières étudiées par M. Guiraud. Dans un premier livre, il étudie les origines et l'histoire primitive du droit de propriété chez les peuples grecs. La première question qui se pose est naturellement celle-ci : Les Grecs ont-ils débuté par le communisme des terres ? On sait que, pour beaucoup de savants, à l'heure qu'il est, la communauté des terres est nécessairement la première étape de toutes les sociétés humaines. Une énorme littérature — et qui grossit encore tous les jours — s'est accumulée autour de cette question. M. Guiraud s'est borné, comme c'était son droit, à vérifier si cette prétendue loi générale de l'humanité s'est appliquée dans la Grèce primitive. Il a passé en revue l'un après l'autre et discuté, avec beaucoup de soin et de précision, toutes les raisons, de caractères divers, qui ont été données en faveur de la primitive communauté des terres chez les peuples grecs. La conclusion qu'il rapporte de cette enquête est « qu'il n'y a pas, dans toute la littérature ancienne, un seul texte qui, sainement interprété, confirme une pareille assertion ». Il est possible sans doute que les ancêtres lointains des Grecs, à une époque dont nous ne connaissons rien absolument, aient pratiqué la communauté des terres ; mais, comme nous ne savons rien de cette période, l'affirmation qu'on y vivait ainsi est une pure hypothèse. M. Guiraud recherche, à l'aide des textes que nous possédons, quels étaient, dans la Grèce primitive, la conception du droit de propriété et le régime des terres. Il montre que la propriété foncière, à l'origine, est essentiellement familiale, que la terre appartient non à l'individu, mais au γένος, et que les traités les plus remarquables de l'ancien droit grec témoignent de ce caractère familial du droit de propriété : règles sur l'hérédité, sur l'inaliénabilité, sur l'indivisibilité du domaine familial, sur l'incapacité de la femme, etc. Dans un joli chapitre, presque tout fait de vers d'Homère, et où passe comme un parfum lointain de nature et de poésie homériques, il nous fait le tableau du régime des terres et de la vie agricole dans les premiers âges du monde grec. Il expose, après cela, combien cette constitution familiale de la propriété a contribué à l'expansion coloniale qui couvre toute la période du XIe au VIIe siècle. Ce n'est pas parce que le sol manquait dans l'Hellade que tant de Grecs s'élancèrent alors à la conquête de terres nouvelles ; c'est parce que le régime patriarcal réduisait à la misère tous ceux qui, pour une cause quelconque, avaient rompu les liens du γένος. La dissolution de la propriété familiale est étudiée ensuite, ainsi que les causes qui ont amené cette dissolution. Pour terminer ce premier livre, M. Guiraud passe une revue rapide des différents régimes politiques qui se sont succédé en Grèce et montre les rapports qui existent entre ces régimes et l'évolution du droit de propriété.

Après avoir étudié ainsi l'évolution qui conduisit les Grecs du régime de la propriété familiale à celui de la propriété individuelle, M. Guiraud recherche, dans les livres II et III, comment la propriété foncière était constituée sous ce régime nouveau. Il l'envisage successivement, dit-il, « sous deux aspects différents : d'abord au point de vue juridique, ce sera l'objet du livre II ; puis au point de vue économique, ce sera l'objet du livre III. »

Il est très difficile de donner une idée même approximative de la quantité des choses traitées dans le deuxième livre. Personnes capables de posséder, propriété des périèques, caractères généraux du droit de propriété, le droit de propriété dans ses rapports avec les fonds voisins (bornage, eaux, servitudes), le droit de propriété dans ses rapports avec l'État, les successions, les donations entre vifs, les testaments, la vente, le contrat de prêt, l'hypothèque, la garde des titres de propriété (en particulier, l'enregistrement officiel des actes), les garanties légales du droit de propriété (actions données au propriétaire dépossédé), la protection accordée aux biens des mineurs (la tutelle et les actions de tutelle), l'organisation judiciaire, le domaine de l'État, la propriété sacrée, la propriété des associations. Ai-je tout dit ? Je n'ai guère fait que reproduire la table des matières. Il faudrait indiquer, après cela, la masse de renseignements, de faits et d'observations qui sont contenus dans chacun des chapitres dont je viens de donner seulement les titres. A propos des rapports de l'État avec la propriété, M. Guiraud prouve qu'il n'est point exact, comme l'a pensé M. Foucart, que l'État n'ait octroyé aux citoyens envoyés comme clérouques qu'une sorte de jouissance héréditaire ou de propriété de fait sur les terres ainsi concédées, se réservant pour lui-même le domaine éminent de ces terres. Dans le même chapitre, il montre quels pouvoirs considérables l'État s'est attribués à toute époque sur les biens des particuliers. A signaler pareillement, dans le chapitre des successions, l'étude très complète et très claire de la question célèbre, mais si embrouillée, des épiclères. Dans le chapitre consacré au domaine de l'État, M. Guiraud prouve que les Grecs n'ont pas distingué, comme le font nos lois, le domaine public de l'État, c'est-à-dire les choses qui sont à la jouissance de tous, telles que les fleuves, les routes, les ports, et le domaine privé de l'État, c'est-à-dire les choses dont l'État est propriétaire, au sens vrai et ordinaire du mot. A propos de la propriété sacrée, c'est-à-dire celle des dieux et des temples, M. Guiraud montre que cette propriété doit être considérée essentiellement comme une simple « annexe » du domaine public ; en d'autres termes, que les domaines des dieux sont purement et simplement administrés par les fonctionnaires de l'État, au même titre que les domaines de la cité, que les commissions chargées de leur gestion sont de simples collèges de magistrats, en toutes choses semblables aux autres magistrats de la cité, et que la cité est seule capable d'acquérir, au nom des dieux, aussi bien que d'aliéner des terres des dieux ou de les donner à bail. Je cite seulement des exemples et j'ai le regret que l'embarras du choix ne me permette pas d'en citer davantage.

Le livre III prend l'étude de la propriété foncière par le côté économique. M. Guiraud examine d'abord comment la propriété foncière était répartie en Grèce. Il montre que la grande propriété de l'époque primitive a fait place, peu à peu, à un régime de morcellement presque indéfini. Si les républiques dont le gouvernement est resté aristocratique présentent, comme il est naturel, un état de choses assez différent, encore le régime de la petite propriété demeure-t il cependant la règle générale. Mais, pour différentes causes que M. Guiraud étudie très savamment, les terres en vinrent à se concentrer petit à petit dans les mêmes mains, de sorte que, à l'arrivée des Romains, sûrement la grande propriété l'emportait de beaucoup sur la petite. M. Guiraud traite ensuite du servage, du fermage, de l'exploitation du sol par le petit propriétaire lui-même, par des esclaves ou des travailleurs libres, de l'agriculture hellénique, des productions du sol, des charges de la propriété foncière (spécialement des impôts) et enfin du revenu et de la valeur vénale des terres.

Le livre IV est consacré aux questions suivantes : les théories socialistes en Grèce, le socialisme pratique, c'est-à-dire les lois qui furent faites, aux différentes époques, pour égaliser les fortunes et dépouiller les riches au profit des pauvres, et enfin l'influence réciproque qu'ont exercée l'une sur l'autre la condition des propriétaires et la politique extérieure des États grecs.

J'ai résumé les matières étudiées dans le livre de M. Guiraud. Il est impossible de trouver un exposé plus clair, un souci plus minutieux de l'exactitude et de la vérité, une méthode plus rigoureuse. C'est la méthode dont Fustel de Coulanges a donné tant de fois les préceptes, sinon toujours l'exemple, et que, trop épris sans doute de ses systèmes propres pour s'y soumettre lui-même, il aura au moins le mérite d'avoir inculqué à ses disciples : dépouillement complet de tous les textes, mise en garde contre les systèmes, les raisonnements et les comparaisons, analyse détaillée des documents dans leur entier et soin extrême d'en tirer tout ce qui s'y trouve, sans en conclure plus qu'ils n'en disent. Ce souci de ne jamais affirmer au-delà de l'affirmation même des textes est la constante préoccupation de M. Guiraud. Il dit dans sa conclusion (p. 636) : « Les faits que nous avons énoncés sont vrais pour la Grèce, mais ils ne sont peut-être vrais que pour la Grèce. » J'en sais beaucoup qui penseront que « ces scrupules font voir trop de délicatesse ». Mais j'avoue que cette grande conscience me charme et me rassure. D'autres ont fait, en ces temps-ci, tant d'abus des conjectures, des systèmes, des rapprochements et de ce qu'ils nomment les lois générales que j'éprouve quelque plaisir et comme un sentiment de sécurité avec un savant qui ne dit que ce qu'il sait et qui ne sait que ce qu'il a constaté. Dans tous les cas, cette méthode sûre a l'avantage — et c'est ce que montre le livre tout entier de M. Guiraud — de donner comme résultats, à défaut peut-être de grandes théories, des faits très positifs, des réalités aux contours bien arrêtés et bien en vie. Rien, dans ce long exposé de choses juridiques, qui sente la scolastique — cette vieille méthode des juristes, — l'argumentation dans laquelle les textes n'ont pas d'autre rôle que de servir de majeures à des syllogismes, — et rien non plus qui ressemble à cette méthode nouvelle, à laquelle les « sociologues » voudraient nous accoutumer, où les textes noyés, tronqués et déformés, mêlés avec un tas d'autres de provenance et d'époques différentes, composent sans doute des systèmes, mais à ce prix perdent toute leur physionomie concrète et vivante. Toujours, au contraire, le trait précis et la couleur vraie des choses. J'ai dit plus haut comment M. Guiraud, avec les seuls textes d'Homère et sans nulle excursion dans les pays sauvages ni dans les législations aux trois quarts inconnues, avait su nous rendre frais et vivant le tableau de la vie rurale des premiers Grecs. Dans un genre différent, mais avec la même précision, par l'analyse minutieuse des inscriptions et des discours des orateurs attiques, par l'assemblage patient d'un grand nombre de documents positifs, estimations des terres affectées à des créances hypothécaires, mise à prix de lots de terres dans des ventes aux enchères, inventaires de successions, baux à terme ou à emphytéoses, il a pu déterminer, presque comme s'il avait eu à sa disposition un bureau de statistique, l'étendue habituelle des domaines, leurs prix les plus ordinaires, pareillement le prix moyen des fermages et des redevances dues par les preneurs. Et ce ne sont là que des exemples. On pourrait les multiplier. Le détail concret, la réalité, le chiffre exact ou approximatif, quand on ne peut pas l'avoir exact, le portrait des choses à la place de théories sur les choses : c'est par ces qualités que le livre de M. Guiraud mérite de servir d'exemple à tous ceux qui se proposent d'écrire sur l'histoire des institutions.

Edouard Beaudouin.

Revue critique (1895, t. I, pp. 175-180).

Ma seule excuse, ou pour mieux dire ma seule consolation d'arriver si tard pour parler de ce livre, c'est qu'il n'est pas de ceux qui attendent la recommandation de la critique pour faire leur chemin dans le monde. L'Académie qui l'a couronné et, après elle, l'opinion savante de tous les pays, a été unanime à y reconnaître un des meilleurs ouvrages, des plus solidement construits, des plus consciencieusement étudiés, et, ce qui ne gâte rien, des plus élégamment écrits qui aient paru, depuis longtemps, sur les antiquités grecques.

Pour mener à bonne fin une pareille entreprise, il faut être à la fois un historien, un jurisconsulte et un économiste. M. Guiraud a été tout cela et avec une égale supériorité. Il n'y a guère de plus excellent morceau d'histoire que son premier livre tout entier, consacré à l'origine du droit de propriété. M. Guiraud fait d'abord bonne et sévère justice de l'échafaudage de faits mal interprétés sur lesquels une critique complaisante s'est fondée pour affirmer l'existence du collectivisme primitif chez les Grecs. Ce prétendu collectivisme demeure une hypothèse indémontrée et peu vraisemblable... (*Suit une analyse détaillée du livre*).

Je viens de prononcer le nom de Fustel de Coulanges. Ce nom vient naturellement sous la plume quand on parle de M Guiraud. N'est-il pas en effet, avec M. Jullian, le plus fidèle et le plus brillant élève de l'auteur de la *Cité antique?* un élève qui s'est merveilleusement assimilé la méthode du maître : l'étude directe et pénétrante des textes, la critique serrée et loyale qui dit nettement ce qu'elle sait et confesse ce qu'elle ignore. l'art de découper un sujet en petits chapitres pourvus de titres attrayants qui, tout en s'enchaînant dans l'ensemble de l'œuvre, constituent autant de monographies claires, intéressantes et bien délimitées. On retrouve également chez lui la phrase sobre et correcte, l'expression élégante et ferme de Fustel de Coulanges, avouons le aussi, certains petits tics de diction, certaines petites afféteries caractéristiques qu'il aurait mieux valu laisser au modèle. Moins hautain que celui-ci, M. Guiraud ne dédaigne pas de renvoyer aux travaux modernes et, souvent même, de les citer textuellement, mais il ne s'attarde pas à combattre toutes les opinions émises dans toutes les *dissertatiunculae* allemandes, ni même toujours à les lire ; je n'ai pas le courage de le lui reprocher alors que le temps qu'il aurait consacré à cette besogne a été tellement mieux employé à lire et à dépouiller, la plume à la main, toute la littérature grecque et les principaux recueils d'inscriptions.[1]

Dans un si vaste sujet qui remue tant de milliers de textes et de questions, il est inévitable que l'on ne soit pas toujours d'accord avec l'auteur, que l'on constate chez lui des omissions ou même des erreurs : les documents juridiques en particulier offrent des difficultés toujours nouvelles et si M. Guiraud a contribué, pour sa part, à en élucider quelques-unes, il lui est échappé, notamment dans l'interprétation de la loi de Gortyne, plus d'une inexactitude. Cependant il y aurait mauvaise grâce à insister sur ce *paucae maculae* dont un Boeckh lui-même n'est pas exempt .. (*Suivent plusieurs critiques*).

Th. Reinach.

Revue historique (1906, III, pp. 331-332).

Le beau livre de M. Paul Guiraud sur la *Propriété foncière en Grèce* substitue l'analyse très serrée des textes et des faits aux théories *a priori* des juristes qui avaient soutenu l'existence en Grèce d'un collectivisme primitif. Fustel de Coulanges avait donné l'exemple de cette méthode critique en étudiant les institutions de Sparte. Reprenant à son compte les idées de son maître, M. Guiraud considère la religion domestique comme le fondement de la propriété dans l'état patriarcal, non l'occupation ni le travail. Peut-être cette idée générale cache-t-elle quelque malentendu. Primitivement, les morts étaient ensevelis dans les maisons elles-mêmes, comme le prouvent les découvertes de Staïs à Egine et Thorikos. Lorsqu'ils furent enterrés plus loin, le tombeau domestique a pu devenir le signe ou le symbole de la propriété familiale, de même que le culte amphictyonique apparaît comme la forme nécessaire de la confédération politique; mais ce sont surtout des raisons de fait, partage après invasion et occupation d'un territoire, qui sont à l'origine de la propriété. Le culte n'est pas cause déterminante de cette répartition ; il n'en est que la forme secondaire, et c'est lui qui légitime, en effet, le droit de la famille à la transmission héréditaire du patrimoine indéniable. M. Guiraud suit l'évolution de cette propriété familiale et sa transformation en propriété personnelle. Le régime des terres, la législation sur la transmission des biens fonciers, la définition des diverses catégories de domaines (domaine sacré, de l'État, des associations), puis l'étude de l'exploitation, l'histoire économique de l'agriculture, enfin l'examen des théories socialistes en Grèce, tels sont les principaux chapitres d'un livre qui regorge de faits et d'idées. Cet ouvrage fixe, pour un temps, l'état d'une des questions les plus délicates et les plus complexes, accessible seulement aux esprits pénétrants et vigoureux.

G. Fougères.

Revue historique (1895, II, pp. 385-391).

Long résumé du livre, fort détaillé et élogieux, par M. Lécrivain.

Journal des Savants (1895, pp. 491-500) *article de* M. Dareste.

Résumé du compte-rendu : Ouvrage qui échappe à l'analyse. Observations de détail du critique qui reconnaît que si quelques-unes des solutions présentées par M. Guiraud paraissent contestables, l'auteur en général se décide pour les solutions les plus probables.

Bulletin critique (1895, p. 301).

M. l'abbé Beurlier *déclare que cet ouvrage sera lu avec profit par les jurisconsultes et les historiens.*

Revue de l'instruction publique (belge) (1896, I, 4e, 5e et 6e livraisons) *article de* M. Adh. Motte.

Résumé du compte-rendu : Œuvre magistrale, pleine d'érudition et de sagacité et remarquable par la clarté et l'élégance de l'exposition. L'auteur n'a négligé aucun aspect de la question. Certaines assertions paraissent contestables.

Messager des sciences historiques (belge) (1894).

Résumé du livre par M. Ad. D.

Berliner philologische Wochenschrift (12 janvier 1895), *article de* M. V. Thumser.

Résumé du compte-rendu : beaucoup d'érudition et de méthode.

Jahresberichte für Geschichtswissenschaft (1894, I, p. 119).

Wochenschrift für klassische Philologie (23 mai 1894), *article de* M. Mikeis.

Résumé du compte-rendu : Ouvrage recommandé aux historiens, philologues et juristes.

Fustel de Coulanges. Paris, Hachette, 1896, in-12, vi-279 p. (Ouvrage couronné par l'Académie française).

COMPTES-RENDUS

Académie des Sciences morales et politiques (*Séances et travaux*, 1897, pp. 301-306).

En présentant ce volume à ses confrères, M. A. Himly *en fait le compte-rendu détaillé, suivant :*

J'ai l'honneur d'offrir à l'Académie, au nom de M. Paul Guiraud, maître de conférences à l'École normale supérieure, professeur à la Faculté des lettres de Paris, le beau livre qu'il vient de consacrer à notre regretté confrère Fustel de Coulanges. C'est le pieux hommage d'un élève préféré à un vénéré maître ; mais c'est aussi et surtout une œuvre de haute et saine critique historique. Les évènements d'une vie tout unie, dans sa modeste simplicité, y tiennent en effet la moindre place ; ce que M. Guiraud a eu de préférence en vue, c'est de raconter l'évolution d'un grand esprit, de décrire les aspects divers de son activité intellectuelle et d'apprécier à la fois la méthode qui l'a guidé dans ses travaux, et les résultats scientifiques auxquels elle l'a conduit.

Personne mieux que lui n'était à même de tracer ce tableau. Il a été l'élève de Fustel à l'École normale et son collègue à la Sorbonne ; il a vécu dans son intimité et reçu ses confidences scientifiques jusque sur son lit de mort ; il a eu à sa disposition de nombreuses lettres et tous les papiers inédits du défunt ; mais quelles que soient son admiration et sa sympathie pour lui, il n'a abdiqué en rien le droit de juger son œuvre, et c'est avec une entière liberté d'esprit qu'il formule les objections et les réserves qu'elle lui suggère.

Je n'insiste pas sur la partie biographique du volume, malgré les détails intéressants qu'on y rencontre sur le triple passage de Fustel à l'École normale comme élève, comme maître de conférences et comme directeur, sur son séjour en Grèce, sur son enseignement comme professeur de Faculté à Strasbourg et à Paris, et sur les quelques leçons qu'en 1870 il fut appelé à donner à l'Impératrice. La seule chose que je relèverai, c'est le jugement porté sur son enseignement, lequel peut se résumer en ces quelques lignes : « Deux qualités, rarement unies, faisaient la maîtrise de sa parole ; d'une part, une sobriété, une précision, une clarté toute géométrique ; de l'autre, une intensité extraordinaire de vie et d'intérêt, découlant de l'enthousiasme de sa foi scientifique. Sa chaire était pour lui un centre de prédication, mais son éloquence était celle d'un mathématicien et elle s'adressait uniquement à l'intelligence. »

Arrivons aux œuvres de notre confrère, dont la longue liste chronologique se trouve à la fin du volume. Inutile de nous arrêter, avec M. Guiraud au *Mémoire sur l'île de Chio*, qui fut le fruit du séjour de Fustel à Athènes, et aux deux thèses de doctorat sur le *Culte de Vesta* et sur *Polybe*, dont la première a été le point de départ de la *Cité antique* ; laissons de côté aussi les études politiques et fiscales publiées, en partie seulement, après la mort de l'auteur, et passons immédiatement aux deux œuvres capitales, non pour les examiner en elles-mêmes, mais pour rendre compte de la manière dont M. Guiraud les apprécie.

Pour ce qui est de la *Cité antique*, malgré son admiration pour ce chef-d'œuvre de synthèse, — à propos duquel il fait remarquer avec raison que si l'originalité en est aujourd'hui moins frappante, c'est que les vues de Fustel sur le rapport intime entre les institutions des anciens et leurs croyances, très neuves à l'époque où il les publiait, sont aujourd'hui entrées pour la plupart dans le courant de l'histoire, — il met en doute la parfaite exactitude du tableau général tracé par son maître, sans se laisser arrêter par la confiance inébranlable que celui ci a eue jusqu'à la fin dans la justesse de ses théories. Fustel, pense-t il, (et je ne puis que lui donner raison), a beaucoup trop simplifié les phénomènes historiques en ramenant toute l'histoire des institutions de la Grèce et de Rome à l'histoire des idées religieuses et en faisant de la religion le facteur unique de l'évolution politique et sociale des peuples anciens ; il n'ignorait nullement pourtant, dès cette époque, l'importance des questions économiques ; mais voulant prouver une thèse il a, en vertu d'un dessein prémédité, écarté tout ce qui n'était pas utile à sa démonstration ; et le résultat a été que la vérité énoncée par lui n'est pas la vérité entière ou, si l'on aime mieux, que sa *Cité antique* n'est que la cité antique envisagée sous un jour particulier.

C'est avec la même indépendance respectueuse que M. Guiraud parle de l'*Histoire des institutions politiques de l'ancienne France.* Comme plus d'un d'entre nous, il regrette que le programme primitif de Fustel d'un ouvrage complet en quatre volumes (Empire germain, — Royauté mérovingienne, — Régime féodal, — Royauté limitée par les États Généraux, — Monarchie absolue), n'ait pas été exécuté tel qu'il était conçu, ce qui eût enrichi notre historiographie nationale d'une vaste synthèse dans le genre de la *Cité antique*, mais il explique parfaitement comment et pourquoi notre confrère se crut obligé de renoncer à son plan original. En présence de l'émoi provoqué parmi les critiques par la doctrine de son premier volume, que les invasions germaniques du ve siècle n'avaient au fond rien changé à l'assiette de la société gallo-romaine, il se crut tenu de l'établir encore plus fortement, et pour convaincre le public qu'il n'avait rien avancé à la légère, qu'il avait consulté tous les documents et qu'il les avait bien entendus, il entreprit une double tâche : celle d'écrire une série de mémoires sur quelques-uns des problèmes les plus ardus du haut Moyen Age et celle de remanier de fond en comble le volume qui avait tant scandalisé ! Aimant mieux dorénavant, pour me servir de sa propre expression, « creuser que s'étendre », il se mit donc à examiner à la loupe les textes des lois, des formules, des historiens, et déploya dans cette recherche passionnée, poursuivie tout autant pour faire taire ses propres scrupules que pour confondre ses adversaires, une somme d'efforts et de talent que son biographe qualifie à bon droit d'incroyable. Mais, tout en rendant un hommage ému à la pénétration et à la sagacité, à la subtilité du flair et à l'acuité du regard de son maître, M. Guiraud n'ose réclamer de nous une adhésion complète aux paroles qu'il a recueillies de sa bouche, quatre jours avant sa mort : « Soyez sûr que ce que j'ai écrit dans mon livre est la vérité ! »

En tout cas, elles prouvent la profondeur des convictions de Fustel. Quant à leur ardeur, nous en avons comme témoins ses nombreuses polémiques, à propos desquelles M. Guiraud a quelques pages aussi tristes qu'instructives. L'homme qui disait à ses élèves : « Si vous rencontrez chez moi quelque affirmation fausse, ne manquez pas de la signaler, l'essentiel est que la vérité soit établie », n'était pas d'humeur à laisser la critique s'attaquer impunément à ce qu'il pensait avoir démontré, et, attaquant à son tour pour se défendre, il répondait, avec une âpreté croissante et une ironie de plus en plus acerbe, aux arguments de ses adversaires. En vain ses amis essayaient-ils de lui faire cesser des controverses qui avaient le double inconvénient de nuire à sa santé et d'interrompre ses travaux. « C'est pour moi un devoir de conscience », répondait-il à M. Guiraud lui-même, peu de temps avant sa mort. Et pourtant, la fin de son existence a été empoisonnée par ces polémiques incessantes. Il parlait constamment de ses « labeurs » et de ses « luttes », se plaignait d'être un chercheur

« qui interroge, qui scrute, qui peine et qui souffre », et déposait dans ses papiers confidentiels non pas tant des récriminations contre une personne déterminée que l'expression navrée de sa tristesse et de sa crainte que l'histoire ne soit égarée par de mauvais conseillers.

Les trois chapitres particuliers que M. Guiraud a consacrés aux vues de Fustel sur la méthode historique, à ses idées sur la philosophie de l'histoire et à ses qualités d'écrivain, sont certainement parmi les meilleurs du livre.

Quant à la méthode historique de son maître, il établit tout d'abord que, si les principes fondamentaux en sont restés immuables, elle présente des modifications profondes, de *la Cité antique* aux *Institutions de la France*, et même des deux premières éditions de cet ouvrage à la troisième, perdait en largeur et en souplesse ce qu'elle gagnait en vigueur et en précision ; puis, il en signale à la fois les incontestables mérites et les exagérations manifestes. Certes il avait grandement raison de demander qu'on interrogeât avant tout les originaux et qu'on se défît de tous préjugés politiques et religieux, notamment en ne confondant pas « le patriotisme, qui est une vertu, avec l'histoire, qui est une science » ; mais il allait beaucoup trop loin en recommandant à l'historien le scepticisme absolu à l'égard de ses devanciers et en lui interdisant toute application subjective. D'autre part, la méthode qu'il préconisait et qui consiste à réunir tous les textes que l'on a sur une question, à les étudier à fond, sans en oublier un seul, à n'en tirer que ce qu'ils contiennent et à ne jamais suppléer à leur silence par de vaines hypothèses, n'est pas aussi simple qu'il le dit ; et M. Guiraud conclut judicieusement : « Pour la pratiquer, il faut plusieurs conditions qui se trouvent rarement réunies dans une même personne : une intelligence large, vive et pénétrante, un esprit net, précis et vigoureux, également propre aux patientes recherches de détail et aux conceptions les plus hautes, une puissance extraordinaire d'application, un amour passionné du vrai, un oubli complet de soi, une vie vouée sans réserve à la science. »

Ce qu'on appelle la philosophie de l'histoire inspirait à Fustel un dédain voisin de l'aversion. « Libre de toute croyance au surnaturel, dit M. Guiraud, il n'interrogeait jamais que la raison pour rendre compte des évènements, n'admettait pas que les destinées d'une nation fussent irrévocablement fixées à l'avance et pensait au contraire que le sort d'un peuple dépend surtout de lui même. Son biographe fait à cet égard de justes réserves. Il en fait d'autres, non moins légitimes, à propos de certaines théories chères à Fustel, celle par exemple d'éliminer absolument de l'histoire le hasard, le caprice ou l'accident, ou encore celle de faire de la foule le seul agent des phénomènes sociaux, en écartant presque totalement l'action des grands hommes dans l'évolution des sociétés. Quant à l'axiome si souvent répété par Fustel dans ses dernières années : « Ce n'est pas par des principes rationnels qu'on mène le monde, c'est par l'intérêt », il n'a pas de peine à montrer que non seulement il est en contradiction avec l'idée-mère même de la *Cité antique*, mais qu'il fait abstraction aussi, d'une façon fort fâcheuse, des inspirations d'un ordre plus élevé qui ont tant de fois guidé les sociétés humaines.

Le talent d'écrivain et les qualités d'artiste de Fustel ont été trop universellement loués pour qu'il ne pût paraître inutile d'y revenir, surtout après l'appréciation éloquente qu'en a faite ici même notre confrère M. Sorel. Néanmoins, comme Fustel n'est pas là pour s'irriter d'éloges qu'il dédaignait, je ne résiste pas à la tentation de marquer une fois de plus les étapes successives de son style, en laissant la parole à M. Guiraud......

Arrivé au bout de son étude, M. Guiraud trace, en quelques pages, le portrait physique, intellectuel et moral de son maître bien-aimé. Pour lui, le terme le plus convenable pour définir Fustel, serait la distinction. Elle lui apparaît à la fois dans sa personne extérieure, dans sa tenue un peu gauche mais exempte de toute vulgarité, et dans son âme honnête, fière et droite, partout et toujours correcte et digne. Sa puissante originalité et son labeur acharné lui ont permis de produire une œuvre suggestive entre toutes. Il est mort à la peine, le corps usé par un esprit toujours tendu par l'étude. Mais le travail dont, pendant sa direction de l'Ecole normale, il avait la « nostalgie » était son vrai bonheur, et, à côté de grands déboires, même ses livres les plus contestés lui ont certainement donné de profondes satisfactions. C'est la seule réserve que je voudrais faire à l'aphorisme final de M. Guiraud : « La science a été la religion de M. Fustel et elle a fait de lui un martyr.

Tel est le livre dont je crains d'avoir entretenu un peu trop l'Académie. Mon excuse est qu'il a été écrit par un savant distingué qu'elle a deux fois couronné, et qu'il analyse, avec un rare talent, la carrière scientifique d'un confrère qui est une des gloires de notre Compagnie.

A. Himly.

Revue critique (1897 II, p. 430), article de M. Funck-Brentano.

Polybiblion (1897 XLV, p. 354).

La main-d'œuvre industrielle dans l'ancienne Grèce. Paris, Alcan, 1900, in-8°, IV-219 p. (Bibliothèque de la Faculté des lettres de Paris, fasc. XII).

COMPTES-RENDUS

Académie des Sciences morales et politiques (*Séances et travaux*, 1901, p. 262).

En présentant cet ouvrage à ses confrères, M. Dareste *en fait le compte-rendu suivant dans la séance du 24 novembre 1900 :*

M. Paul Guiraud, professeur à la Faculté des Lettres de Paris, offre à l'Académie un volume qu'il vient de publier sur *la Main-d'œuvre industrielle dans l'ancienne Grèce*. C'est le complément d'un travail plus considérable qu'il a envoyé à un de vos concours et que vous avez couronné, en 1890, sur la propriété foncière en Grèce jusqu'à la conquête romaine. Le sujet qu'il traite aujourd'hui n'est pas moins intéressant. On y voit le travail libre à côté du travail servile et la concurrence à côté du monopole, l'entreprise à côté du salariat et le salaire lui-même, sous toutes ses formes. Ces recherches très exactes, très complètes sont d'autant plus précieuses qu'elles conduisent à rectifier, sur plusieurs points, des idées fort répandues. Ainsi, quoi qu'on ait dit, le travail libre en Grèce n'a jamais été étouffé par le travail servile. Ce dernier, au contraire, n'a jamais pu soutenir la lutte et c'est une des raisons qui ont amené la disparition progressive de l'esclavage. Il ne faut pas croire non plus que le travail manuel fût généralement méprisé dans la société grecque. Si l'aristocratie le dédaignait, si les philosophes lui préféraient la spéculation de la science pure, il s'en faut de beaucoup que les préjugés de ce genre prévalussent dans la pratique. C'est par le travail et l'aisance qu'il procure que les classes inférieures arrivaient au pouvoir et la démocratie finit par triompher presque partout. Il semble bien que le régime censitaire, établi après la conquête romaine, ait arrêté ou tout au moins ralenti, à ce point de vue, le progrès économique, mais l'empire romain appartient à une autre période de l'histoire. On peut espérer que M. Guiraud l'abordera un jour avec le même souci de la vérité et la même vigueur de méthode.

R. Dareste.

Revue historique (1901, III, pp. 392-397).

... La modestie dans le choix d'un titre peut n'être au fond que la sûreté de méthode. C'est une habitude chez M. Guiraud de faire, sur des sujets restreints en apparence, des études si approfondies qu'il en éclaire tous les alentours et ouvre continuellement des jours inattendus sur les problèmes les plus graves de l'histoire. La *Main-d'œuvre industrielle* mérite ainsi de figurer à côté de la *Propriété foncière*, qui est un modèle,

« Mon but, dit l'auteur, a été de décrire la condition des personnes qui exerçaient les métiers industriels et non pas la manière dont elles les exerçaient. J'ai porté mon attention moins sur les choses que sur les hommes. Organisation de l'industrie, répartition du travail entre la main-d'œuvre libre et la main-d'œuvre servile, rapports réciproques des ouvriers et des patrons, taux des salaires, tels sont les principaux sujets que j'ai abordés, avec le désir de rechercher surtout si l'esclavage accaparait toute la besogne industrielle ou s'il laissait une place, et quelle place, au travailleur libre. » Sur ces questions, M. Guiraud présente les textes essentiels avec une sobriété qui ne néglige rien de ce qui est négligeable et une critique qui n'est jamais prise en défaut. Sans idée préconçue sans sollicitation d'aucune sorte, en toute loyauté, il laisse des documents se dégager les conclusions.

Les deux premiers chapitres exposent l'histoire du travail industriel avant la période classique. De la Grèce préhistorique, nous ne connaissons les artistes que par leurs œuvres, et c'est peu. M Guiraud parle donc avec prudence de l'industrie primitive et de l'industrie mycénienne, indiquant les influences étrangères qui se sont exercées sur le travail indigène, avant la décadence causée par l'invasion dorienne. Sur la Grèce homérique, l'épopée fournit déjà quelques renseignements précis. On y constate la coexistence de la main-d'œuvre libre et de la main-d'œuvre servile, mais les esclaves ne sont occupés qu'aux travaux domestiques et ont pour collaborateurs les membres mêmes de la famille ; les artisans qui travaillent pour le public de la localité sont tous de condition libre.

Les quatre chapitres suivants nous tracent le tableau de l'industrie dans la période historique. Ils ont pour titres : l'*Évolution de l'industrie en Grèce*, *Opinions des Grecs sur le travail*, *Division du travail industriel*, *Organisation de l'industrie*. L'auteur décrit le milieu où vivent les travailleurs, et sans s'attarder à des discussions qui le feraient dévier de son véritable sujet, il nous donne surtout des résultats.

A partir du VIIIe siècle, les Grecs, à l'exemple et au détriment des Phéniciens, firent effort pour créer dans leurs ports l'industrie d'exportation : Milet, Chalcis, Corinthe durent la prospérité de leur commerce aux produits sortis de leurs ateliers L'oligarchie favorisa l'industrie par intérêt matériel, la tyrannie par intérêt politique. Athènes, dont l'activité économique s'éveilla, au VIIe siècle, et devint puissante, sous Pisistrate et ses fils, eut pour rivales Corinthe et Sicyone, Mégare et Samos, presque toutes les villes d'Ionie jusqu'à ce que, au Ve siècle, le régime démocratique lui donnât la primauté. Les désastres ne purent la lui enlever. Il fallut la diffusion de la civilisation hellénistique pour déplacer l'industrie ; elle se porta aux confins du monde grec, à Rhodes, à Alexandrie, à Pergame ; et les Grecs de Grèce n'en profitèrent plus.

Durant cette évolution, le travail industriel eut trop d'influence sur la condition des cités pour n'avoir pas été généralement estimé. On croyait cependant que les Grecs méprisaient le travail industriel comme une besogne d'esclaves. Dans une des parties les plus neuves de son ouvrage, M. Guiraud montre que le travail, universellement loué et pratiqué à l'époque homérique, dédaigné par l'oligarchie, réhabilité par la tyrannie, a toujours été en honneur dans la démocratie. Quelques plaisanteries ne suffisent pas à prouver le contraire, ni les dédains des philosophes.

Toutefois l'industrie ne se développa jamais en Grèce de façon à pousser à l'extrême la division du travail. La dissolution de la famille amena la restriction graduelle du travail domestique et une spécialisation progressive des métiers ; mais si l'on ne peut pas dire exactement dans quelle mesure le travail était divisé, on voit qu'il l'était déjà beaucoup, sans rien constater qui annonce les dures nécessités de l'industrie mécanique.

C'est que la Grèce n'a pas connu la grande industrie. L'industrie domestique n'y disparut jamais complètement ; l'industrie qui travaillait pour le public n'y dépassa jamais le niveau de l'organisation par ateliers. Aussi, l'État, malgré sa toute-puissance, n'apportait-il à la liberté du travail d'autres restrictions que celles que dictait exceptionnellement l'intérêt national. Le fils était libre de succéder ou non au père dans sa profession. Le chef d'industrie était maître absolu de son atelier : apprentis ou ouvriers expérimentés, esclaves ou hommes libres, citoyens ou étrangers, il recrutait son personnel à sa guise ; il employait tel procédé de fabrication qui lui convenait, sans avoir la propriété exclusive de ses inventions. La loi n'interdisait les accaparements que pour le blé. Excepté par Périclès, les travaux publics ne furent pas entrepris en vue d'assurer du travail aux artisans. L'intervention de l'État se bornait à tourner les citoyens vers l'industrie ou vers quelque industrie spéciale, à obtenir sur les places étrangères la libre exportation des matières premières ou de faciliter l'importation des produits variés : pas d'autres encouragements officiels. Même si le producteur constituait un stock en magasin au lieu de travailler sur commission, la surproduction n'était pas à craindre : le patron pouvait louer des esclaves et limiter son personnel libre selon ses besoins. Par suite, le salariat mettait les indigents, dont il était la ressource ordinaire, en concurrence avec les esclaves privés ou publics. D'autre part, sans leur donner aucune garantie, il ne leur permettait pas, une fois embauchés, de refuser leur travail Mais l'employeur qui imposait à l'employé des conditions léonines par le contrat de travail, s'en laissait imposer à lui-même par l'État dans le contrat d'entreprise, parce que les travaux étaient adjugés par lots peu considérables. Partout et en tout, on constate la prédominance de la petite et de la moyenne industrie. La plus grosse manufacture qui nous soit signalée est la manufacture de boucliers fondée par le père de Lysias et qui faisait travailler cent vingt esclaves. On ne songea point à de grandes associations de capitaux, parce qu'elles semblaient inutiles, et faute d'y avoir songé, on resta toujours en deçà de la grande industrie.

L'auteur peut maintenant étudier de près la situation des travailleurs. Dans les chapitres VII, VIII et IX il nous parle des esclaves et des affranchis. Nous apprenons à connaître « l'institution nécessaire », avant de la voir fonctionner dans l'industrie. Sources de l'esclavage (naissance, guerre, piraterie, abandon ou vente de l'enfant par le père, insolvabilité, condamnation judiciaire), nombre et origine des esclaves, importance du commerce auquel il donnait lieu et des prix qu'atteignait la marchandise humaine ; garanties données par la loi au droit du maître et condition juridique de l'esclave en matière civile et criminelle ; toutes ces questions sont traitées à fond et il apparaît clairement que les esclaves, mécontents de leur sort, n'avaient pour alternative que la fuite ou la révolte, mais que les maîtres avaient intérêt à les traiter avec douceur. Leur emploi dans l'industrie était des plus variés. C'était à eux, surtout aux femmes, que revenait le travail domestique et même, dans les grandes maisons, la surveillance de ce travail. Ils étaient nombreux dans les ateliers, probablement sur les chantiers, plus encore dans les mines. D'ouvriers ils pouvaient devenir contremaîtres ou régisseurs. Ils pouvaient appartenir aux industriels qui les faisaient travailler, ou être loués à long terme, ainsi que la fabrique, ou appartenir à des loueurs d'esclaves pour usages industriels. Quand ils travaillaient au dehors, en droit, ils devaient leur salaire à leur maître, qui était chargé de leur entretien ; mais quelquefois, ils exécutaient des commandes pour leur compte, à charge de verser à leur maître une redevance fixe, une rente de tant par jour. On voit à combien de situations diverses correspond le mot d'esclave. L'affranchissement n'est, à vrai dire, que la moins mauvaise de ces situations, car quel qu'en soit le garant, fût-ce un dieu même, l'affranchissement laisse subsister des liens de dépendance qui sont encore très variables, mais qui toujours mutilent ou asservissent la personnalité humaine. Du moins, l'ancien maître a-t-il intérêt à ce que l'affranchi puisse facilement vivre de son métier, et comme le métier de l'un est la plupart du temps celui de l'autre, il y a souvent lieu à une fructueuse association.

Après la main-d'œuvre servile, les travailleurs libres ; les trois derniers chapitres leur sont réservés. On ne saurait exagérer le rôle des métèques, ces étrangers que les cités les plus intelligentes attiraient à elles, en leur offrant une condition sortable, et que l'incapacité de posséder le sol vouait au commerce et à l'industrie. L'auteur les montre à l'œuvre, soit comme entrepreneurs de travaux publics, soit comme ouvriers occupés par l'État aussi bien que par les particuliers. Mais il insiste davantage sur le travail des citoyens. Il a ses raisons. On se figure trop volontiers les citoyens pauvres d'une république grecque comme des gueux très fiers et très paresseux qui regardent de haut le labeur manuel. Et voici des femmes qui non seulement manient la quenouille et la navette dans leur intérieur, mais savent encore, poussées par la misère, gagner vaillamment leur vie au marché, dans une boutique, à l'atelier. Voici des hommes qui dirigent des établissements ou vivent, au jour le jour, d'un petit métier, recherchent des concessions de mines ou descendent dans les galeries outil à la main, participent aux travaux publics comme adjudicataires ou comme salariés. En général, la demande était assez abondante pour que les citoyens n'eussent pas à souffrir de la concurrence étrangère. Patrons et ouvriers pouvaient se transporter d'une ville à l'autre, nulle part on ne prenait de mesure officielle en faveur du travail indigène. L'Etat n'intervenait pas non plus dans les questions de salaires ; elles étaient librement débattues entre les parties. L'ouvrier était payé à la tâche ou à la journée. Dans le second cas, le seul où nous puissions apprécier la rémunération du travail, le taux normal des salaires à Athènes était uniformément d'une drachme par jour, à la fin du ve siècle; mais il s'éleva, dans le dernier tiers du IVe siècle, à une drachme et demie pour les manœuvres, à deux et même à trois drachmes pour les ouvriers qualifiés. Quelquefois, à Délos par exemple, le paiement se faisait en nature. Alors le grain était fourni en quantité suffisante pour qu'un célibataire en eût à revendre environ un tiers. La main-d'œuvre libre revenait plus cher que la main-d'œuvre servile, qui n'entraînait pas les frais d'entretien. Si elle put se maintenir, c'est qu'elle présentait des avantages par ailleurs; elle était plus productive. Mais la concurrence était terrible : par elle ces salaires, qui paraissaient d'un taux relativement élevé, ne dépassaient effectivement les besoins de l'ouvrier que s'il n'avait pas à chômer, et même sans chômage, ne permettaient pas de subvenir aux dépenses d'un ménage. L'esclavage, en réduisant les hommes à l'état de machines, avait sur le taux des salaires les mêmes effets déprimants qu'a de nos jours le machinisme. Le citoyen sans travail avait bien la ressource qui manquait au métèque et à l'affranchi, d'aller au tribunal ou à l'assemblée toucher un jeton de présence ; mais le triobole ne représentait que la nourriture d'un homme par jour. Restaient les sacrifices avec distribution de viande, les repas publics offerts par les riches, les allocations de blés : bonnes aubaines, mais rares. Du moins, les malades avaient droit aux soins des médecins officiels et les invalides touchaient un subside quotidien d'une ou deux oboles, de quoi mourir de faim quand on était seul. Somme toute, la vie matérielle des ouvriers libres, inférieure à celle des serviteurs domestiques, ne différait pas grandement de celle que menaient les ouvriers esclaves : nourriture défectueuse, logement et vêtements misérables, pas de limite légale à la journée de travail, qui commençait au chant du coq et se prolongeait sous le regard d'un surveillant à la main prompte. Encore, dans les boutiques avait-on pour distraction les conversations des badauds ; dans les ateliers ou sur les chantiers, les chansons. Mais dans les mines ou les carrières, tout était souffrance. La jouissance des droits politiques, voilà ce qui parmi les travailleurs mettait hors de pair les citoyens. Grâce au triobole, « la tâche professionnelle de l'ouvrier grec pesait sur lui moins lourdement que dans les sociétés modernes et son horizon n'était pas borné aux murs de son échoppe ou de son atelier ».

La conclusion de M. Guiraud, courte et pleine, présente l'histoire du travail en Grèce sous des couleurs sombres. En vertu d'une loi constante, le travail manuel a été délaissé successivement par les nobles, par les riches et même par les citoyens pauvres; sans cesse « il descendit, pour ainsi dire, d'un degré dans la hiérarchie sociale ». Cela est bien vrai; mais est-il juste de reprocher aux « individus besogneux » le système de secours publics par où ils essayaient d'améliorer leur sort, voire même la plupart des lois fiscales par où l'on demanda l'argent à ceux qui possédaient? Certainement les petites gens, en Grèce, perdirent l'amour du travail; trop souvent leur atelier fut l'agora et leur ouvrage préféré la révolution. Mais était-ce leur faute s'ils ne pouvaient pas, à la sueur de leur front, faire vivre une famille? Sans doute, la faute n'en doit pas être non plus attribuée à ceux qui détenaient la fortune et qui, dans les idées du temps, défendaient leur droit. Le grand coupable, c'était l'esclavage. Il avilit les salaires, il aggrava la pauvreté des pauvres, tandis qu'il exagérait la richesse des riches, et ainsi coupa le monde grec en deux. La Grèce croyait ne pouvoir vivre que de l'esclavage, elle devait en mourir.

G. Glotz

Revue critique (1901, i, pp. 46-48).

L'auteur de cette substantielle étude est de ceux qui, sous le décor de l'histoire militaire et diplomatique, cherchent à atteindre la réalité vivante, la foule anonyme, le monde du travail et des affaires...... En fait de science et de talent, — y compris le talent de composition et de style, — M. Paul Guiraud a déjà donné sa mesure en écrivant, après ses *Assemblées provinciales dans l'empire romain* (1887), son beau livre sur la *Propriété foncière en Grèce* (1893). Le travail qu'il vient de publier est digne des précédents et d'autant plus méritoire qu'il s'éloigne encore davantage des sentiers battus..... On connait la méthode familière de M. P. Guiraud. Point d'affirmations préalables, de théorèmes à démontrer. Les faits d'abord, appuyés directement sur les textes, présentés par leur face utile et probante, enchaînés avec un art qui convertit chacun d'eux en argument. L'énumération achevée, la conviction est faite et la conclusion se dégage comme d'elle-même, avec le degré de certitude qu'elle comporte et les réserves qu'il convient d'y introduire. Tout cela exposé dans cette langue sobre, concise et transparente, à laquelle on reconnaît un écrivain de race. Les résultats historiques auxquels aboutit M. Guiraud sont de nature à rectifier bon nombre d'idées courantes...

(*Suit un résumé du livre.*) Ce volume de contenu austère, de forme attrayante, n'est pas un livre à feuilleter ; c'est un livre à lire, en le gardant à portée de la main pour le consulter. Ceux qui l'auront étudié de près ne trouveront pas que l'épithète d'excellent dépasse son mérite.

BOUCHÉ-LECLERCQ.

Revue des études grecques (1901, p. 322).

Le livre de M. Guiraud, qui comble une véritable lacune dans la littérature historique, est excellent de tous points ; on ne sait ce qu'il faut y louer davantage : la solidité du fond, la prudence de la méthode ou la sobre élégance de la forme. Trois chapitres racontent brièvement l'histoire de l'industrie en Grèce (époque préhistorique, époque homérique, époque classique) ; puis, analysant les opinions des philosophes sur le travail, M. Guiraud montre combien elles étaient en désaccord avec l'opinion commune et notamment avec les institutions démocratiques. Les chapitres V et VI s'occupent de la division et de l'organisation du travail, les chapitres VII à IX de l'esclavage et des affranchis, le chapitre X du travail libre, dont l'importance a été trop souvent méconnue ; enfin deux chapitres sont consacrés l'un à la difficile question des salaires, l'autre à un tableau de la vie des ouvriers.

M. Guiraud, qui a tout lu, sait ne pas tout dire ; mais il est heureux dans le choix des exemples et l'on ne peut que souscrire à la plupart de ses jugements. Peut-être cependant s'est-il laissé entraîner par Aristote à qualifier trop sévèrement de « prime à la paresse » (p. 211) les secours alloués par l'État athénien sous forme de distribution de blé, jetons de présence aux jurés, aux ecclésiastes, etc. Nous ne croyons pas qu'à l'époque classique, ces indemnités légitimes, nécessaires au fonctionnement de la démocratie, aient éloigné les citoyens du travail ; il n'y a là rien d'analogue au *panem et circences* de l'empire romain. La belle institution de l'assistance aux ἀδύνατοι, vrai modèle à proposer à nos législateurs, méritait aussi mieux qu'une sèche et dédaigneuse mention (p. 195) ; M. Guiraud en a été puni par une coquille, une des très rares qui déparent son livre : le subside journalier aux invalides du travail était de deux oboles par jour, non « au temps d'Aristophane », mais au temps d'*Aristote* (*Resp. ath.* 49. 4).

TH. REINACH.

Le Musée belge, partie bibliographique (1902, VI, pp. 6-8).

La première impression que donne le livre de M. Guiraud est celle d'une érudition très abondante ; la seconde est celle de l'ordre qui règne dans les moindres coins. C'est bien un livre français : il y fait clair... (*Suit un résumé du livre, accompagné de quelques réserves.*) Il faut rendre hommage à la science dont ce livre témoigne, à l'intérêt que l'auteur a su y répandre, à l'art qu'il y a déployé Peut-être pourrait on désirer une conception générale plus forte; on voit bien que chaque détail a trouvé sa place; on n'aperçoit pas toujours le lien qui rattache chaque groupe de détails à ses voisins. L'ensemble donne un peu l'impression de l'artificiel, mais c'est une impression toute fugitive et qui ne nuit point au profit sérieux qu'on retirera de la lecture et de l'étude de cet ouvrage.

H. FRANCOTTE (1).

Revue historique (1906, III, pp. 332-333).

M. G. FOUGÈRES *résume le livre et conclut ainsi* : « Il est fort à souhaiter que M. Guiraud veuille bien compléter le cycle de ses études économiques par un travail d'ensemble sur le commerce dans l'antiquité. »

Bulletin critique (1901, p. 454).

Résumé du compte-rendu : Ouvrage composé et écrit avec une parfaite clarté et de nature à intéresser beaucoup d'autres personnes que les spécialistes, bien que les conclusions ne satisfassent pas complètement l'esprit.

Berliner philologische Wochenschrift (23 mars 1901), *article de* M. BÜCHSENSCHÜTZ.

Résumé du compte-rendu : bonne réunion de matériaux.

Neue philologische Rundschau (1901, n° 3, p. 538), *article de* M. C. WACKERMANN.

Résumé du compte-rendu : se lit avec plaisir et profit.

Wochenschrift für klassische Philologie (4 septembre 1901), *article de* M. F. CAUER.

Résumé du compte-rendu : a de la valeur ; fait faire un pas à la question.

Neue Iahrbuch für das klassische Alterthum (1902, pp. 340-342), *article de* M. A. BAUER.

(1) Auteur lui-même d'une étude fort estimée et dont M. Guiraud a rendu compte (*Revue critique*, 1901, II, p. 424), sur l'*Industrie dans la Grèce ancienne*, Bruxelles, 1900-1901. (Bibliothèque de la Faculté de philosophie et lettres de l'Université de Liège, fasc. VII et VIII.)

Historische Zeitschrift (t. LII, 3).

Mitteilungen aus der historischen Literatur (13 juillet 1901), *article de* M. Beloch.

Résumé du compte-rendu : Bon, des lacunes qu'on peut combler en partie avec l'ouvrage similaire de Francotte.

Deutsche Literaturzeitung (1901, p. 1134).

Zeitschrift für Sozialwesen t. IV, 6).

Bolletino di filologia classica (1901, n° 12), *article de* M. de Sanctis.

Résumé du compte-rendu : utile contribution à l'histoire économique de l'antiquité grecque.

Rivista di filologia e d'istruzione classica (1901, n° 3).

Etudes économiques sur l'antiquité. Paris, Hachette, 1904, in-12, 297 p. (Ouvrage couronné par l'Académie française).

COMPTES-RENDUS

Académie des Sciences morales et politiques (*Séances et travaux*, 1905, pp. 509-510).

M. A. Luchaire *présente, en ces termes, à ses confrères le livre de M. Paul Guiraud, dans la séance du 21 janvier 1905.*

... Des sept morceaux dont se compose ce livre, six avaient déjà été publiés dans diverses revues ; l'importance des questions économiques dans l'antiquité, l'évolution du travail en Grèce, l'impôt sur le capital à Athènes, la population en Grèce, l'impôt sur le capital sous la république romaine et l'histoire d'un financier romain. Le dernier seul, l'Impérialisme romain, est inédit. L'accueil fait par le monde savant et par le grand public à ces études me dispenserait presque d'en relever le mérite, si je ne tenais à dire que l'ensemble constitue une des œuvres d'histoire les plus fortes qui aient été écrites sur l'antiquité classique. M. Guiraud s'est donné pour tâche de montrer que les questions économiques avaient, dans les sociétés antiques comme dans la nôtre, une importance prépondérante, que, pour le souci des intérêts matériels, les Grecs et les Romains ne diffèrent en rien de nous et que, chez eux, la politique était très souvent conduite par l'économie politique. Il aura grandement contribué, pour sa part, à faire entrer l'histoire dans une voie où elle doit aboutir à des résultats positifs et approcher de cette vérité objective qui, si elle n'est jamais pleinement atteinte, pourra du moins être entrevue, ce qui suffit déjà à récompenser nos efforts. C'est comme une lumière nouvelle que la méthode d'aujourd'hui projette sur le passé de façon, comme l'a très bien dit M. Guiraud lui-même, « à pénétrer dans les derniers replis de l'âme humaine et à toucher le fond même de l'histoire »

Je ne suis pas de ceux qui pensent que les historiens sont faits pour donner des leçons de politique et de morale et transformer la description du passé en enseignement pratique ; mais il faut reconnaître que ce livre, éclairé d'un bout à l'autre par l'allusion aux questions vitales que se posent nos sociétés modernes, est singulièrement suggestif. La méditation en sera fructueuse. C'est parce que l'État, en Grèce, a prétendu absorber toute l'activité des citoyens qu'il s'est vu obligé de nourrir ceux d'entre eux qui n'avaient pas de ressources propres. « Comme il ne put assumer une dépense si lourde, il obligea par cela même les pauvres à courir sus aux riches, à les dépouiller de leurs biens et à déchaîner sur la Grèce les épouvantables violences où s'abîma sa prospérité et où périt son indépendance. » D'autre part, personne n'a mieux montré que M. Guiraud, dans son dernier chapitre, comment l'impérialisme, mot nouveau mais chose déjà vue, a été la conséquence de l'état économique de la société romaine et a engendré lui-même le militarisme, qui devait tuer la liberté en créant l'Empire. « A ce titre, dit l'auteur, l'expérience de Rome est bonne à méditer, car nulle part on ne saisit mieux sur le vif les perturbations politiques que l'esprit de conquête amène dans un peuple libre. »

M. Guiraud continue son maître Fustel de Coulanges par la profondeur de l'investigation et de la pensée ; il est aussi son meilleur élève par la beauté de la forme. Cette langue sobre, élégante, limpide, appliquée à l'érudition et aux chiffres de la statistique, est proprement un charme. Elle fait presque oublier, tant l'écrivain se meut avec aisance et souplesse dans ces problèmes compliqués de l'économie sociale, qu'il est un savant de premier ordre et que chacun des morceaux achevés qui composent son volume est le résultat d'un labeur pénible. C'est ce que verront sans peine les historiens et les économistes pour qui ce livre offre un égal intérêt.

A. Luchaire.

Revue des études grecques (1905, p. 391).

Les essais réunis dans ce volume ont tous, sauf un (le dernier, l'*Impérialisme romain*), paru d'abord, sous forme d'articles, dans diverses revues. Les sujets en sont aussi variés qu'importants : l'évolution du travail en Grèce, l'impôt sur le capital à Athènes et dans la République romaine, la population en Grèce, l'histoire d'un financier romain (Rabirius Postumus). L'appareil savant est banni, à part les renvois aux textes les plus indispensables ; mais sous la forme élégante on sent partout le fond solide, la critique sagace ; à ce titre, l'étude sur l'*eisphora*, où le système de Bœckh est définitivement réfuté, est particulièrement remarquable. Le chapitre introductoire traite de l'importance des questions économiques dans l'antiquité ; rien n'est plus certain que cette importance, bien qu'il ne faille pas l'exagérer. M. Guiraud lui-même sacrifie quelquefois à la tentation d'expliquer *tous* les grands faits de l'histoire ancienne par des raisons économiques, mode ou marotte qui menace de fausser également l'histoire moderne, notamment celle de la Révolution française.

Il n'en est pas moins vrai que les questions économiques méritent l'attention de tous les lettrés qu'intéresse l'histoire ancienne ; si elles ne l'ont pas suffisamment obtenue jusqu'à présent, la faute en est à ceux qui les ont présentées soit sans compétence, soit sous un aspect aride et rebutant ; avec des livres comme ceux de M. Guiraud, cet écueil n'est pas à craindre ; la matière a trouvé le *vir doctus dicendi peritus* qu'il lui fallait.

Th. Reinach.

Revue historique (1907, ii, p. 325).

« *Les Études économiques sur l'antiquité* de M. Paul Guiraud renferment trois mémoires d'histoire romaine : l'un est l'histoire de l'*Impôt sur le capital avant l'Empire*, l'autre celle d'*Un financier romain*, la troisième traite de l'*Impérialisme romain*. Réunis, tous trois forment un puissant raccourci des destinées économiques et politiques de Rome sous la République. On y voit avec quelle gravité minutieuse et avec quelle précision quasi religieuse les Romains traitaient toutes leurs affaires administratives et fiscales et on y voit comment ils furent amenés peu à peu, dès la fin du iiie siècle, à conquérir le monde. Leur impérialisme ne fut pas la création d'un Lucullus, il fut une pensée générale à tout le peuple, grands et petits, et il fut la conséquence des conditions politiques du temps d'Hannibal. La conquête de l'Espagne fut le premier acte de cette ambition universelle et (ceci dit entre parenthèses) c'est cette conquête plus que celle de la Gaule qui empêcha les Romains de s'absorber dans les affaires d'Orient. Il faut lire avec soin ce livre de M. Guiraud, en réfléchissant sur chaque ligne ; j'ai rarement lu des pages où plus de choses vraies soient condensées en moins de mots et où l'on sente mieux (comme dans les meilleures pages du tome v de Mommsen) un solide édifice de textes sous la pensée qui se déroule. Quel dommage que M. Guiraud n'écrive pas une histoire économique du monde romain ! Il nous semble qu'avec ses facultés supérieures, c'est un devoir pour lui de créer une telle œuvre.

C. JULLIAN.

Revue des questions historiques (1906, p. 283), *article de* M. P. ALLARD.

Bulletin critique (1905, p. 270), *article élogieux de* M. André BAUDRILLART.

Revue des études anciennes (1905, p. 102), *article élogieux de* M. C. JULLIAN.

Le Musée belge (partie bibliographique, t. IX, 1905).

« Fondées sur les textes, mais dégagées de tout appareil d'érudition et accessibles au grand public, elles ont pour objet de montrer que les questions dont nous sommes préoccupés aujourd'hui ont été connues également des anciens. L'auteur indique les solutions que les Grecs et les Romains leur ont données ; mais il se garde de les préconiser, n'ayant eu d'autre ambition que de faire œuvre d'historien. »

Literarisches Centralblatt (26 août 1905).

Article défavorable.

Deutsche Literaturzeitung (31 mars 1906), *article de* M. NIESE.

Résumé du compte-rendu : instructif et suggestif ; se lit avec plaisir et profit.

II

OUVRAGES CLASSIQUES

Histoire romaine depuis la fondation de Rome jusqu'à l'invasion des barbares, rédigée conformément aux programmes officiels pour la classe de quatrième (en collaboration avec M. LACOUR-GAYET qui a rédigé la partie concernant l'Empire). Paris, Alcan, 1884 (2e édition, revue, 1887 ; 7e édition, 1894), in-12, 501 p. avec 26 gravures et 4 cartes.

COMPTES-RENDUS

Revue de l'enseignement secondaire et de l'enseignement supérieur (15 février 1885).

Résumé du compte-rendu : excellent livre qui peut servir bien au-delà de la quatrième. Toutefois la question de la géographie de l'Italie est traitée imparfaitement.

Bulletin critique (1886, p. 145), *article de* M. l'abbé BEURLIER.

Résumé du compte-rendu : est un des meilleurs manuels d'histoire romaine qui ont été publiés en France pendant ces derniers temps. Quelques erreurs cependant sur les origines du christianisme

Jahresberichte von Iwan Müller (1888).

Article défavorable.

Neue philologische Rundschau (20 février 1886) *article de* J. JUNG.

Résumé du compte-rendu : très habilement fait ; mérite considération en Allemagne.

Literarisches Centralblatt (4 juillet 1885).

Résumé du compte-rendu : sensé et scientifique ; offre beaucoup de choses que les auteurs allemands pourraient imiter dans leurs manuels d'histoire ; les points controversés sont traités avec tact et habileté.

Histoire ancienne et Histoire du Moyen-Age du Ve au Xe siècle. (Histoire romaine par Paul Guiraud ; Moyen-Age par G. Lacour-Gayet). Paris, Alcan, 1903, in-12, 686 p. avec gravures et cartes.

*C'est l'*Histoire romaine, *profondément remaniée à cause du changement des programmes classiques ; M. Guiraud poursuit sa collaboration jusqu'à la fin du Haut-Empire ; M. Lacour-Gayet étudie, au lieu du Haut-Empire, le Haut Moyen-Age jusqu'au Xe siècle.*

COMPTE-RENDU

Revue des études anciennes (1905, p. 312),

« Cet ouvrage est la refonte de l'ancien manuel destiné aux élèves de quatrième. La partie relative au Moyen Age, dans l'édition actuelle est seule l'œuvre de M. Lacour-Gayet. Toute l'histoire romaine, et c'est cela seul qui intéresse la *Revue*, a été écrite par M. Paul Guiraud. Cela est plus et mieux qu'un simple manuel. De l'exactitude, une sobriété surprenante, l'art de dire beaucoup en peu de mots et de ne dire que l'essentiel, avec cela une lecture qui ne fatigue pas, un intérêt qui se soutient, des qualités d'exposition et de réflexion, bref tout ce qui fait de M. Guiraud un maître incontesté, voilà de quoi imposer le volume, je ne dis pas seulement à nos étudiants, mais à tous ceux que l'histoire intéresse, à tous ceux qui lui demandent à la fois le plaisir de s'instruire et le sujet de réflexions.

Lectures historiques : Histoire de la Grèce. La vie privée et la vie publique des Grecs. Paris, Hachette, 1890 (3e édition comprenant un chapitre complémentaire sur l'Art grec, 1901) in-16, XIII, 500 p.

Lectures historiques : Histoire Romaine. La vie privée et la vie publique des Romains. Paris, Hachette, 1893 (4e édition, revue, 1906), in-16, 712 p. avec gravures.

Conciones (*composé sur un plan nouveau*). Paris, Hachette, 1900, in-16.

III

ARTICLES

Revue historique (1881, I, pp. 1-24); tirage à part, Paris, Thorin, in-8°, 28 p.

De la réforme des comices centuriates au IIIe siècle avant J.-C.

COMPTES-RENDUS

Revue historique (1886, I, pp. 1-32 et 241-289).

Dans ces deux articles, M. Bloch *combat les conclusions de M. Guiraud ; malgré la mention « sera continué » qui figure au bas du second article, il n'y a pas eu de 3e article.*

Iahresberichte für Geschichtswissenschaft (1882, I, p. 220).

Annales de la Faculté des lettres de Bordeaux (1883, pp. 168-225); tirage à part, Paris, Thorin, in-8°, 58 p.

La condition des alliés pendant la première confédération Athénienne

COMPTE-RENDU

Revue critique (1884, I, p. 137) *sans signature.*

REVUE INTERNATIONALE DE L'ENSEIGNEMENT (1888, pp. 225-238).

De l'importance des questions économiques dans l'antiquité (Leçon d'ouverture du cours d'histoire ancienne à la Sorbonne). *Réimprimé avec des remaniements dans les* Études économiques, 1905, pp. 1-26.

REVUE DES DEUX-MONDES (15 octobre 1888).

L'impôt sur le capital à Athènes.

Réimprimé avec des remaniements dans les Etudes économiques, 1905, pp. 77-120.

— (1er mars 1896).

L'œuvre historique de Fustel de Coulanges.

— (1er février 1902).

L'évolution du travail dans la Grèce ancienne.

Réimprimé avec des remaniements dans les Études économiques, 1905, pp. 27-76.

SÉANCES ET TRAVAUX DE L'ACADÉMIE DES SCIENCES MORALES ET POLITIQUES (1888, pp. 262-276); tirage à part, Paris, A. Picard, 1888, in-8°, 18 p.

Un document nouveau sur les assemblées provinciales de l'Empire romain.

COMPTE-RENDU

1° *Revue historique* (1889, III, p. 404), *note de* M. C. JULLIAN.

« A propos de la découverte de la loi du Conseil de Narbonne,

M. Guiraud a publié une intéressante brochure sur la question. Il a raison de le dire : l'inscription a déçu un peu les espérances fondées sur elle. »

Bulletin de l'Association des anciens élèves de l'Ecole normale supérieure (Paris, 1890).

Fustel de Coulanges (*longue notice nécrologique*).

L'Armée a travers les ages. Conférences faites en 1898, 1899 et 1900 à l'Ecole spéciale militaire de Saint-Cyr, éditées en trois volumes in-12, Paris, Chapelet, 1899, 1900, 1901.

L'armée romaine sous la République (1er volume, pp. 19-40).

L'armée romaine sous l'Empire (ibid, pp. 41-63).

Alexandre (2e volume, pp. 1-22).

Hannibal (2e volume, pp. 23-47).

Le soldat grec d'après Xénophon (3e volume, pp. 1-31).

Le soldat romain d'après César (3e volume, pp. 33-63).

Mélanges Perrot (Paris, 1903, in-8°), pp. 145-150.

Note sur un passage d'Aristote (Ἀθηναίων πολιτεία, 4).

NOUVELLE REVUE HISTORIQUE DU DROIT (1904, pp. 440-473).

L'impôt sur le capital sous la République romaine.

Réimprimé dans les Études économiques, 1905, pp. 121-159.

REVUE DES ÉTUDES ANCIENNES (1904, pp. 221-255.)

La propriété primitive à Rome (1), pp. 221-255.

REVUE DE PARIS (15 janvier 1903).

Histoire d'un financier romain.

Réimprimé dans les Études économiques, 1905.

REVUE DE PARIS (1er octobre 1904).

La population de la Grèce primitive.

Réimprimé dans les Études économiques, 1905, pp, 121-159.

BIOGRAPHISCHES IAHRBUCH FÜR ALTERTHUMSKUNDE (1889, pp. 138-149).

Fustel de Coulanges.

Collaboration à la *Grande Encyclopédie,* au *Journal des Débats,* au *Télégraphe,* au *Bon Sens* de Carcassonne.

(1) Cet article était le premier chapitre d'un grand travail que M. Guiraud avait commencé sur la *Propriété foncière à Rome*; plusieurs chapitres de cet ouvrage sont entièrement rédigés, les notes des autres étaient déjà réunies.

IV

DISCOURS

REVUE DES ÉTUDES GRECQUES (1905, pp. VI-XII).

Allocution de M. P. Guiraud, vice-président de la Société des Études grecques, à l'assemblée générale du 11 mai 1905.

— (1905, pp. 393-395).

Discours prononcé aux obsèques de M. Paul Tannery, président de la Société des Études grecques par M. P. Guiraud, premier vice-président (2 décembre 1904).

— (1906, pp. VI-XII).

Allocution de M. P. Guiraud, président de la Société des Études grecques, à l'assemblée générale du 3 mai 1906.

Discours de distributions de prix au collège de Revel (1882), au lycée de Saint-Etienne (1875), au lycée de Carcassonne (1878), tirages à part.

V

COMPTES-RENDUS CRITIQUES

REVUE HISTORIQUE.

1876, II, pp. 241-259. G. BOISSIER, L'opposition sous les Césars.

1877, III, pp. 167-171, d'HUGUES, Une province romaine sous la République, étude sur le proconsulat de Cicéron en Cilicie.

1878, I, pp. 172-178, V. DURUY, Histoire des Romains, t. V.

— I, p. 453, O. GILBERT, Rom und Karthago in ihren gegenseitigen Beziehungen 513-536 U. C. (241-218 v. Ch.).

— I, pp. 453-455, HŒLZL, Fasti prætorii ab. a. DCLXXXVII usque ad a. U. DCCX.

— I, p. 455, Von HUDEMANN, Geschichte des rœmischen Postwesens waehrend der Kaizerzeit.

— I, pp. 455-457, Mlle BADER, La femme romaine.

— I, pp. 457-461, L. DOUBLE, L'empereur Claude.

— I, pp, 461-462, L, DOUBLE, L'empereur Titus.

— II, pp. 443-448, E. DESJARDINS, Géographie historique et administrative de la Gaule romaine, t. I.

— III, pp. 178-180, E. JACOB, Cornelii Taciti opera.

1879, III, pp. 183-185, BOISSIÈRE, Esquisse d'une histoire de la conquête et de l'administration romaine dans le Nord de l'Afrique et particulièrement dans la province de Numidie.

Revue historique.

1880, i, pp. 161-163, V. Duruy. Histoire des Romains, t. vi.

1883, ii, pp, 155-156, Mispoulet, Les institutions politiques des Romains, t. i, La Constitution.

— ii, pp. 169-171, Cagnat, Étude historique sur les impôts indirects chez les Romains jusqu'aux invasions barbares.

1884, ii, pp. 152-156, Madvig, L'État romain, sa constitution, son organisation, t. iii.

1885, iii, p. 415, Madvig, L'État romain, sa constitution, son organisation, t. iv.

— iii, pp, 415-416, Cuq., Le Conseil des empereurs d'Auguste à Dioclétien.

1886, ii, p. 158, A. de Ceuleneer, Essai sur la vie et le règne de Septime Sévère.

— iii, p. 175, J. Beloch, Die attische Politik seit Perikles.

1887, iii, p. 369, A. Martin, Les cavaliers athéniens.

— iii, p. 369, P. Monceaux, Les proxénies grecques.

1895, i, pp. 175-176, Edw. A. Freeman, History of federal governement in Greece and Italy.

1897, i, p. 169, Mahaffy, The empire of the Ptolemies.

— iii, p. 400, Angelo Mauri, I cittadini lavoratori dell' Attica nei secoli v e iv a. C.

1901, ii, pp. 399-401, Pergame, restauration des monuments de l'Acropole, restauration par Pontremoli, texte par A. Collignon.

1902, i, pp. 166-167, W. O'Connor Morris, Hannibal and the crisis of struggle between Carthage and Rome.

1904, iii, pp. 141-142, G. Platon, La démocratie et le régime fiscal à Athènes, à Rome et de nos jours.

Revue critique.

1876, ii, p. 74, Auler, Du degré de confiance que mérite Procope.

Revue critique.

1876, ii, p. 299, Œuvres du cardinal de Retz (éd. Feillet et Gourdault).

— ii, p. 353, Robiou, Mémoires sur l'économie politique, l'administration et la législation de l'Egypte au temps des Lagides.

1878, i, p. 43, Seeck, Edition de la *Notitia dignitatum*.

1879, i, p. 77, Rinaudo, Lois des Wisigoths.

— i, p. 167, Mommsen, Le droit public à Rome.

— i, p. 374, E. Desjardins, Géographie historique et administrative de la Gaule romaine.

— i, p. 104, Person, Vie de Scipion Emilien.

— ii, p. 4, V. Duruy, Les *tribuni militum a populo*.

— ii, p. 9, V. Duruy, « Honestiores » et « humiliores ».

— ii, p. 144, Fustel de Coulanges, La Cité antique.

— ii, p. 275, Ferrero, Étude sur la marine romaine.

1880, i, p. 491, Klein, Les fonctionnaires des provinces romaines jusqu'à Dioclétien.

1881, i, p. 491, Sestier, La piraterie dans l'antiquité.

— i, p. 510, Duvaux, Études politiques sur les principaux évènements de l'histoire romaine.

1884, ii, p. 208, C. Jullian, Les transformations politiques de l'Italie sous les empereurs romains.

— ii, p. 258, C. Jullian, Les « protectores » et les « domestici » des Augustes.

— ii, p. 413, Haussoullier, La vie municipale en Attique.

1885, ii, p. 365, Droysen, Histoire de l'hellénisme, t. ii.

1886, i, p. 501, Holm, Histoire grecque.

1887, i, p. 305, Droysen, Histoire de l'hellénisme, t. iii.

— i, p. 326, Hauvette-Besnault, Les stratèges athéniens.

— i, p. 361, Hauvette-Besnault, De l'archonte-roi.

1888, i, p. 478, La Grèce romaine.

— i, p. 498, Lange, Histoire de Rome (trad. Berthelot et Didier).

Revue critique.

1889, i, p. 88, Gentile, Le conflit de César et du Sénat.

— i, p. 237, Letourneau, L'évolution du droit de propriété.

— i, p. 268, Etudes d'histoire du droit.

— i, p. 403, R. Cagnat, L'année épigraphique (1888).

— i, p. 428, Hertzberg, Histoire de la Grèce sous la domination romaine (trad. Bouché-Leclercq).

— i, p. 476, Cl. Jannet, Le socialisme d'État et la réforme sociale.

1890, i, p. 248, Couat, Aristophane et l'ancienne comédie grecque.

— i, p. 306, P. Willems, Le droit public romain.

— i, p. 407, Appleton, La propriété prétorienne et l'action publicienne.

1891, i, p. 501, R. Cagnat, L'année épigraphique (1889).

— ii, p. 157, Holm, Histoire grecque, t. iii.

— ii, p. 233, R. Cagnat, L'année épigraphique (1890).

1892, ii, p. 338, R. Cagnat, L'année épigraphique (1891).

— ii, p. 398, R. Cagnat, L'armée romaine d'Afrique.

1893, i, p. 426, Cougny, Auteurs grecs concernant la Gaule.

— ii, p. 19, Cl. Jannet, Capital et finances.

— ii, p. 163, Gumplovicz, La lutte des races.

— ii, d. 172, R. Cagnat, L'année épigraphique (1892).

— ii, p. 210, Tarde, Les transformations du droit.

— ii, p. 217, Dareste, Haussoullier, Th. Reinach, Recueil des inscriptions juridiques grecques, t. i et ii.

1894 i, p. 93, Viollet, Histoire du droit civil français.

— i, p. 127, Mallet, Les premiers établissements des Grecs en Egypte au viie et au vi[e] siècles.

— i, p. 153, Pollock, La science politique.

1893, ii, p. 353. Meyer, Les Gracques

— ii, p. 364, Vermond, Théorie générale de la possession en droit romain.

— ii, p. 389, R. Cagnat, L'année épigraphique (1894).

REVUE CRITIQUE.

1893, II, p. 402, NITTI, Le socialisme catholique.

— II, p. 413, DARESTE, HAUSSOULLIER, Th. REINACH, Recueil des inscriptions juridiques grecques, t. III.

1896, II, p. 127, SEEBOHM, La tribu en Grèce.

— II, p. 128, CALLEGARI, Caius Gracchus.

— II, p. 128, WHIBLEY, Les oligarchies grecques.

1897, II, p. 309, BEAUCHET, Histoire du droit privé de la République athénienne.

1900, I, p. 492, SUNDEM, *De tribunicia protestate a L. Sulla imminuta*.

— I, p. 492, VAN HILLE, *De testamentis jure attico*.

— I, p. 493, CALLEGARI, Les Gracques et leur politique sociale.

— I, p. 87, DRUMANN, Histoire de Rome, 2e édition.

— I, p. 94, COSSA, Histoire des doctrines économiques.

— II, p. 82, DARESTE, HAUSSOULLIER, Th REINACH, Inscriptions juridiques grecques, t. IV.

— II, p, 101, BOUCHÉ-LECLERCQ, Leçons d'histoire grecque.

1901, I, p. 277, WEIL, Études sur l'antiquité grecque.

— II, p. 160, R. CAGNAT et TOUTAIN, Inscriptions grecques relatives à Rome.

— II, p. 424, H. FRANCOTTE, L'industrie dans la Grèce ancienne.

— II, p. 509, R. CAGNAT et BESNIER, L'année épigraphique (1900).

1902, II, p. 61, KIRCHNER, *Prosopographia attica*, t. I

— II, p. 229, BABELON, Traité des monnaies grecques et romaines, t. I.

1903, I, p. 77, R. CAGNAT et LAFAYE, Inscriptions grecques relatives à Rome, t. I.

1904, I, p. 125, KIRCHNER, *Prosopographia attica*, t. II.

— I, p. 178, R. CAGNAT et LAFAYE, Inscriptions grecques relatives à Rome, t II.

— I, p. 360, USTERI, Atimie et exil.

Revue critique.

1904, I, p. 451, Lassalle, Théorie systématique des droits acquis.

— I, p. 454, R. Cagnat et Lafaye, Inscriptions grecques d'Asie qui intéressent l'histoire romaine.

1905, II, p. 64, Dareste, Haussoullier, Th. Reinach, Recueil des inscriptions juridiques grecques, II, 2 et 3.

— II, p. 78, H. Francotte, Loi et décret dans le droit public des Grecs.

— II, p. 86, Ferrero, Grandeur et décadence de Rome, t. I.

— II, p. 469, R. Cagnat et Besnier, L'année épigraphique (1904).

1906, I, p. 111, Ferrero. Jules César.

— I, p. 392, Damaschke, La réforme agraire.

— I, p. 446, d'Eichthal, La formation des richesses et les conditions sociales.

— II, p. 205, Ferrero, Grandeur et décadence de Rome, t. III.

Journal des Savants (juillet 1901, pp. 411-422).

Compte-rendu de : G. Bloch. La Gaule indépendante et la Gaule romaine (t. II de l'*Histoire de France* de Lavisse).

Séances et travaux de l'Académie des Sciences morales et politiques.

Tome LXVI, p. 225 (séance du 2 juin 1906).

présente : Hauser. Des diverses formes d'organisation du travail dans l'ancienne France.

Tome LXVII, pp. 143-144 (séance du 20 octobre 1906).

présente : Boissonnade. Saint-Domingue à la veille de la

Révolution et la question de la représentation coloniale aux États généraux. (1)

---

(1) M. Guiraud avait posé sa candidature à l'Académie des Sciences morales et politiques (section d'histoire) après la mort de M. le duc de Broglie La section d'histoire avait proposé, en première ligne, MM. Fagniez et Guiraud, en deuxième ligne, MM. Debidour et de Mouy (qui s'était retiré).

L'élection du 25 mai 1901 donna les résultats suivants :

Votants : 32. — Majorité absolue : 17.

	1er TOUR.	2e TOUR.	3e TOUR.
	—	—	—
MM. Fagniez	16 voix.	16 voix.	17 voix, élu.
Guiraud	15 —	15 —	13 —
De Mouy	1 —	1 —	1 —
Bulletin blanc	0 —	0 —	1 —

M. Paul Guiraud se représenta aux suffrages de l'Académie, après la mort de M. Rambaud. La section d'histoire proposa, en première ligne, M. Guiraud, en deuxième ligne M. Welschinger, en troisième ligne, MM. Debidour, Denis et Lacour-Gayet.

L'élection du 17 février 1906 donna les résultats suivants :

Votants : 32 — Majorité absolue : 17.

MM. Guiraud	20 voix, élu.
Welschinger	12 —

APPENDICE

NOTICES NÉCROLOGIQUES

Académie des sciences morales et politiques (*Séances et travaux*, t. LXVII, pp. 604-606).

Discours de M. Luchaire, président de l'Académie, à la séance du 2 mars 1907.

Une fatalité cruelle semble poursuivre notre Académie ; sans parler de nos deuils de l'an dernier, nous avions, il y a quelques semaines, la douleur de perdre M. Glasson, qui n'était pas parmi les plus âgés d'entre nous. Aujourd'hui la mort nous enlève M. Guiraud, un des plus jeunes. Le caractère d'extrême simplicité qu'il a désiré pour ses obsèques m'a interdit de prendre la parole en votre nom au cours de la triste cérémonie, mais il m'est impossible de vous dire ici, en quelques mots qui remplaceront le suprême adieu, ce que fut le confrère qui n'a fait que passer parmi nous.

Nous possédions en Paul Guiraud un de ces esprits d'élite qui sont un honneur et une force pour tous les corps dont ils font partie

La Sorbonne et l'Ecole normale regretteront à jamais le professeur autorisé dont la parole lucide, la science solide et précise, la méthode rigoureuse et le jugement impeccable eurent sur plusieurs générations de jeunes gens une si heureuse et si féconde influence. Éducateur de premier ordre, il savait mieux que personne discerner les talents, exciter les énergies, provoquer les vocations. Jamais il n'a cessé de faire, par l'exemple et la pratique, la meilleure, la plus désirable des pédagogies. Avec une sévérité parfois un peu rude, sa critique éclairait l'étudiant, sans le décourager, parce qu'on y voyait l'effet de la conviction profonde du savant, de sa volonté d'être utile, et que ce maître incomparable possédait, au plus haut point, le don de communiquer à ses élèves la flamme intérieure qui l'animait. Ils trouvaient d'ailleurs en lui quand, descendu de sa chaire, il avait avec eux ces entretiens familiers presque aussi instructifs que ses leçons, le guide le plus sûr et le confident le plus affectueux.

Il laissera aussi un bien grand vide dans le monde scientifique, le vaillant historien qui osa, pour son coup d'essai, à propos de la querelle de César et du Sénat à Rome, se mesurer avec Mommsen. Depuis, par tant de beaux livres, presque tous sortis de vos concours, les *Assemblées provinciales sous l'Empire romain*, la *Propriété foncière en Grèce jusqu'à la conquête romaine*, la *Main-d'œuvre industrielle dans l'ancienne Grèce*, les *Études économiques sur l'antiquité*, il n'a cessé de projeter sur l'histoire des civilisations du vieux monde le jour le plus vif et le plus nouveau. Trouver de l'excellent et du neuf aujourd'hui dans le domaine de l'histoire ancienne, malgré la redoutable concurrence des savants de tous les peuples cultivés, le mérite certes n'est pas commun.

Mais Paul Guiraud a rendu à la science historique un service d'une plus haute valeur. Il s'est donné pour tâche de montrer que les questions économiques avaient, dans la vie des anciens, comme dans la nôtre, une importance prépondérante et que, chez eux, les problèmes vitaux d'ordre matériel déterminaient souvent et puissamment la politique. Il aura beaucoup contribué, pour sa part, à faire entrer l'histoire dans cette voie nouvelle, où elle doit aboutir à des résultats positifs et approcher, autant qu'il est possible à l'homme, de la vérité objective. Lui même est arrivé ainsi, pour emprunter sa propre expression, « en pénétrant les derniers replis de l'âme humaine, à toucher le fond même de l'histoire ». Bref, un savant original et qui n'a fait que des œuvres fortes.

Quant à notre Académie, mes chers confrères, elle n'a, elle aussi, que trop de raisons de déplorer ce coup qui la frappe. En accueillant M. Guiraud, il semblait qu'elle eût voulu se dédommager d'avoir perdu Fustel de Coulanges et que l'élève le plus distingué et le plus aimé du maître disparu arrivât au milieu de nous pour le remplacer et le continuer. Disciple de Fustel, notre confrère le fut encore dans tous ses livres par la profondeur de l'investigation comme par la beauté durable de la forme. Sans cesser d'être lui-même, il tenait de son admirable modèle cette langue sobre, élégante, limpide, qui nous charme, même lorsqu'elle est appliquée, comme il savait le faire, au détail de l'érudition et aux chiffres de la statistique. On est presque tenté d'oublier, tant l'écrivain se meut avec aisance et souplesse dans les problèmes les plus compliqués de l'économie sociale, qu'il est un érudit hors de pair et que chaque ligne de ses pages lumineuses est le fruit d'un très grand labeur et d'une minutieuse préparation.

Vous permettrez enfin à votre Président de joindre aux regrets unanimes de votre Compagnie l'expression brève, mais très profonde, de son affection personnelle. J'étais lié au confrère que nous ne verrons plus par la plus étroite intimité. Et l'amitié de cette âme loyale et droite, de cette nature charmante qui cachait sous une vivacité toute méridionale d'allures et de paroles, la sensibilité la plus délicate, a été l'une des joies de ma vie. Ce ne sera plus maintenant pour moi qu'un souvenir très cher mais très douloureux.

Je propose à l'Académie, suivant l'usage, de lever la séance en signe de deuil.

A. LUCHAIRE.

Société des Études grecques (*Revue des Études grecques*, 1907). Discours de M. Babelon, président sortant, à l'assemblée générale du 25 avril 1907.

... Paul Guiraud, aussi professeur en Sorbonne, avait, à un an près, le même âge que Victor Henry, lorsqu'il nous fut enlevé, il y a deux mois à peine. Il était président de notre association l'année dernière et j'ai dû à vos bienveillants suffrages l'insigne honneur de lui succéder à ce fauteuil. Vous l'avez tous connu et parmi ceux qui m'écoutent, il en est un bon nombre qui se glorifieront toujours d'avoir été les élèves de Paul Guiraud. Je ne louerai pas devant eux la clarté et la précision de son enseignement, la sévérité pondérée de sa critique, la sûreté de son érudition, la pénétration de sa pensée. Dans ses écrits, où rien n'est affirmé au hasard, il semble que Paul Guiraud ait eu toujours présent à l'esprit ce bel axiome d'un annaliste grec : « l'histoire est la prêtresse de la vérité. »

C'est le point de vue économique et social que notre confrère voulut envisager dans ses recherches sur l'antiquité, après qu'il eut pour ses débuts écrit son livre sur *les Assemblées provinciales sous l'Empire romain*. Élève préféré de Fustel de Coulanges, il avait voué à son maître un véritable culte et il prit à tâche d'appliquer sa méthode à ses propres travaux. Tel est le caractère fondamental des livres de Paul Guiraud intitulés : « *La propriété foncière en Grèce jusqu'à la conquête* (1883) ; *La main d'œuvre industrielle dans l'ancienne Grèce* (1900) ; *Études économiques sur l'antiquité* (2e édit. 1905). Les hommes politiques et les économistes d'aujourd'hui lisent avec intérêt et profit ces ouvrages dont l'érudition ferme et l'habileté de mise en œuvre ne font qu'augmenter l'intérêt d'actualité. Ils y rencontrent, non peut-être sans quelque étonnement, de lointains précurseurs dans les stoïciens et les lyriques qui ont essayé, bien avant eux, de préciser le communisme ; ils y voient aussi en relief la physionomie originale de gens comme Phaléas de Chalcédoine, « qui avait inventé des combinaisons ingénieuses pour garantir à jamais l'égalité des biens ruraux. » Théories décevantes, toujours renouvelées et toujours condamnées à l'échec, bien capables de séduire de généreux esprits et que l'École est habile à mettre en formules, mais que dans la pratique, l'humanité inquiète paraît condamnée à rouler éternellement, comme son rocher de Sisiphe.

Là où Paul Guiraud se révèle tout entier, c'est dans le livre qu'il a consacré à la mémoire de son maître, Fustel de Coulanges : comme ses autres ouvrages, il l'a écrit avec toute sa conscience, mais il y a mis de plus tout son cœur. Vous avez lu cette attachante biographie où se trouvait si bien retracée la vie et traduite la pensée du grand historien. Laissez-moi pourtant vous en rappeler ce passage où il semble, en vérité, que Paul Guiraud, racontant la vie de son maître, se soit par avance dépeint lui-même : « Sa vie modeste, dit-il, austère et ennemie du bruit, est une des plus belles qu'il y ait. Quel sort enviable que celui d'un savant qui laisse après lui des élèves, des découvertes durables, des livres, dont plusieurs sont des chefs-d'œuvre, et par-dessus tout, le renom qui s'attache à un amour si profond et si fécond de la science ! Une gloire si noble, alors même qu'il faut l'acheter par quelques souffrances et par une mort prématurée, n'est pas trop chèrement payée. »

Cette destinée qui fut celle de Fustel de Coulanges et que Paul Guiraud trouvait si noble, elle fut aussi la sienne. Savant sans ostentation, intelligence d'élite, son âme vaillante ne devait pas être bien longtemps la plus forte dans la lutte contre une santé débile : mais il laisse après lui des livres qui projettent de lumineuses clartés sur des points importants de l'histoire de la civilisation ancienne. N'est-ce pas là le sort enviable qu'il avait rêvé ?

Babelon.

Revue historique (1907, II, p. 204).

Paul Guiraud est mort, à Paris, le 25 février dernier. De tous les élèves de Fustel de Coulanges, aucun ne s'est plus que lui rapproché du maître (1). Dans le choix des sujets d'étude, dans la manière de les traiter, jusque dans le style, tout rappelait chez Guiraud les leçons et l'exemple de Fustel. C'est à des travaux d'histoire ancienne qu'il a surtout consacré sa vie, et, comme l'auteur de *la Cité antique*, il n'a point voulu séparer la connaissance de Rome de celle de la Grèce ; et, comme lui, ce qu'il préférait du passé, c'étaient les recherches sur les institutions, sur le droit, la religion, la propriété et le gouvernement. Deux pensées surtout le préoccupaient, et ce furent, il y a trente ans, les pensées souveraines des œuvres de Fustel de Coulanges : l'une, que les lois ou les usages politiques sont intimement mêlés à la vie religieuse des peuples anciens, qu'elle les détermine ou les encadre : et cela n'est nulle part plus visible, chez Guiraud, que dans son livre sur les assemblées provinciales de l'empire romain ; l'autre, que l'organisation sociale des nations dépend du régime de la propriété : et cela apparaît surtout dans son histoire de la propriété en Grèce, le plus gros de ses ouvrages et, à tout prendre, son chef-d'œuvre. Sa manière de travailler était très simple et très droite : il lisait les textes, les classait, cherchait à les comprendre, les rapprochait et écrivait là-dessus. Il concluait clairement et fermement, n'ajoutait rien aux prémisses que lui fournissaient les auteurs. Avant tout, il fut un philologue, d'esprit critique, d'humeur patiente et sage. Le style rap-

(1) Il a écrit sur *Fustel de Coulanges* un beau livre, simple, complet et ému, Paris, in-12, 1897 ; sa dernière conférence publique (à l'École des Hautes-Études sociales, en décembre 1906) a été sur Fustel.

pelle sa façon de chercher : un grand souci de la composition, point d'épithètes inutiles, nulle redondance, jamais d'intervention personnelle, des phrases courtes, des tours très simples, une netteté surprenante, mais aucune monotonie Et, dès sa thèse de doctorat, il avait déjà acquis cette maîtrise d'esprit et de langue qui se rattachait à un tempérament de volonté ferme et d'équilibre réfléchi. Tout cela fit de tous ses volumes des modèles d'exposition objective calme, mesurée, limpide et sagace. Et je ne crois pas que, depuis *la Cité antique* et *la Gaule romaine*, nul ne soit allé plus loin que Guiraud dans l'intelligence du monde classique.

Dans les dernières années de sa courte vie, une évolution se marquait en lui, où se complétait sa noble intelligence. Les découvertes et les collections archéologiques l'intéressaient chaque jour davantage, et il se rendait compte qu'un beau relief, par exemple, peut valoir autant qu'un texte. Il s'occupait de plus en plus des faits eux-mêmes, guerres et révolutions, on en verra la preuve dans la dernière édition de son excellent manuel d'*Histoire romaine*. Enfin, il suivait avec passion (et ses conversations de chaque jour le montraient à ses amis) les études de sociologie comparée, il rendait hommage aux résultats nouveaux qu'elles apportent, et quelques-uns des derniers comptes-rendus qu'il donna à la *Revue critique* attestent l'éveil continu de sa curiosité vers les questions de race, de sol, de milieu, d'organisme social, de tempérament national. Et l'on eût retrouvé l'indice de ses mille recherches dans le livre qu'il préparait sur l'histoire de la propriété romaine (1). Il est mort bien avant d'avoir achevé ce livre. Cette mort a été pour la science une perte infiniment plus grande que la presse ordinaire ne l'a senti. Guiraud disparu, c'est une glorieuse page de l'érudition française qui se ferme, et c'est une force de notre Université qui s'en va. Car il était bien une force pour le haut enseignement du pays, non pas seulement par les leçons que recevaient ses élèves et l'exemple qu'il leur donnait, mais encore par la probité de son travail, la franchise de sa pensée et de sa parole, ses colères contre tout ce qui était flatterie, réclame bassesse et complaisance.

Camille JULLIAN.

Revue des questions historiques, t. LXXXII, 1907, p. 254, notice par M. LEDOS.

Musée belge (partie bibliographique, 1907, p. 164 et p. 243), notice par M. A. ALBERT-PETIT.

(1) Un très court chapitre en a paru dans la *Revue des Etudes anciennes*, 1904, pages 221 et suiv. (*la Propriété primitive à Rome*).

Mouvement sociologique international (VIIIe année, n° 2, juin 1907). Notice avec bibliographie par M. Léon HALKIN [1], professeur à l'Université de Liège. (Tirage à part chez A. Dewit, Bruxelles, 1907, 19 p. in-8°).

---

(1) Je tiens à remercier ici M. Halkin des utiles indications qu'il a eu l'obligeance de me fournir pour cette bibliographie.

TABLE DES MATIÈRES

IMPRIMERIE DODIVERS, BESANÇON

www.ingramcontent.com/pod-product-compliance
Ingram Content Group UK Ltd.
Pitfield, Milton Keynes, MK11 3LW, UK
UKHW021555260726
13993UKWH00002B/842